校企合作汽车专业系列丛书

互联网+创新型"十四五"精品教材

二手车鉴定与评估

（微课版）

主　编　叶　超　郭玲宏　蒋　轲

副主编　王　波　谭济泉　蔡沅学　李海兵

张　琎　黄保养　范　详　董　俊

哈爾濱工程大學出版社

Harbin Engineering University Press

内容简介

本书采用图解的形式，把不易理解的二手车鉴定评估流程、操作方法，以图示化、图形化的直观形式展示出来。本书共八个项目，主要包括二手车基本概念、二手车评估准备、二手车静态技术鉴定、二手车动态检查、二手车价格的评估、二手车的收购与销售、二手车的网络交易和二手车鉴定评估报告的撰写。

本书既可作为职业院校汽车专业的通用教材，也可供二手车鉴定评估人员、汽车修理厂和二手车爱好者参考。

图书在版编目（CIP）数据

二手车鉴定与评估 ： 微课版 / 叶超，郭玲宏，蒋轲主编. -- 哈尔滨 ： 哈尔滨工程大学出版社，2024. 6.

ISBN 978-7-5661-4462-1

Ⅰ. U472.9；F766

中国国家版本馆 CIP 数据核字第 2024SS0018 号

二手车鉴定与评估（微课版）

ERSHOUCHE JIANDING YU PINGGU（WEIKE BAN）

策划编辑 张林峰

责任编辑 章银武

出版发行 哈尔滨工程大学出版社

社　　址 哈尔滨市南岗区南通大街 145 号

邮政编码 150001

发行电话 0451-82519328

传　　真 0451-82519699

经　　销 新华书店

印　　刷 唐山唐文印刷有限公司

开　　本 889 mm×1 194 mm　1/16

印　　张 12.5

字　　数 360 千字

版　　次 2024 年 6 月第 1 版

印　　次 2024 年 6 月第 1 次印刷

书　　号 ISBN 978-7-5661-4462-1

定　　价 49.80 元

http://www.hrbeupress.com

E-mail:heupress@hrbeu.edu.cn

前　言

党的二十大报告指出，积极稳妥推进碳达峰碳中和。实现碳达峰碳中和是一场广泛而深刻的经济社会系统性变革。立足我国能源资源禀赋，坚持先立后破，有计划分步骤实施碳达峰行动，积极参与应对气候变化全球治理。因此，发展新能源汽车技术已成为必然趋势。

随着中国汽车市场的进一步发展，新车保有量不断增加，消费者换车需求日渐彰显。据相关资料统计，二手车交易量与新车销量差距逐步缩小。二手车市场发展前景广阔，发展潜力巨大。二手车的鉴定与评估是二手车交易过程中不可缺少的一个环节，也是实现公平交易的重要保证。

二手汽车是汽车市场的一个重要组成部分，也是汽车流通业一个不可缺少的重要环节。从二手汽车的流通过程来看，二手汽车行业上游包括个人车源、企业车源；中游是二手汽车交易市场，交易模式多样，经历了从消费者到经销商再到消费者的过程，其中也有经过拍卖环节再到经销商和消费者的模式。

本书在编写过程中，紧紧围绕课程标准，以完成任务工单为目标，便于读者自主学习、提高学习效率。本书集常识性、理论性和实用性于一体，旨在培养学生的动手操作能力和解决问题的能力，针对性与实用性强，是一本具有鲜明特色的职业类教材。

本书瞄准汽车市场对高素质二手车评估人才岗位知识和技能的要求，以二手车评估师国家职业标准为依据，以职业能力培养为核心进行课程内容的科学整合，科学地确定教材的知识目标和能力目标，合理安排教材的知识结构和能力结构，即便没有汽车专业知识的二手车鉴定评估爱好者也能看懂。

本书由叶超（重庆应用技术职业学院）、郭玲宏（成都纺织高等专科学校）、蒋轲（四川职业技术学院）担任主编，由王波（克拉玛依职业技术学院）、谭济泉（菏泽市交通高级技工学校）、蔡沅学（四川兴科城市交通高级技工学校）、李海兵（大连海洋大学应用技术学院）、张珽（湖北文理学院）、黄保养（广西南宁技师学院）、范详（淮南市精英技工学校）、董俊（新疆农业大学）担任副主编。本书的相关资料和售后服务可扫描封底微信二维码或登录 www.bjzzwh.com 下载获得。

在本书的编写过程中，编者引用了大量原厂手册及文献资料，在此向原作者们表示衷心的感谢！由于新能源汽车领域的技术日新月异，加之编者的知识和能力也存在不足，书中难免存在疏漏之处，敬请读者及时反馈，以便后期修订。

编　者

前言

目 录 CONTENTS

项目一 二手车基本概念

项目概述

二手车是指在公安交通管理机关登记注册，在达到国家规定的报废标准之前或在经济实用寿命期内，仍可继续使用的机动车辆。二手车的处理渠道有很多，部分车主选择卖给熟人，因为熟人之间都是知根知底的，对于汽车的状况比较了解，而且一旦出现手续问题比较容易解决。但是这类情况也有不少缺点：一是中国的人情观念，熟人之间价钱不好说，往往卖方比较亏；二是在车辆后续使用中，有时候出现一些常规的老化和故障容易造成双方的误会而产生矛盾；三是交易双方不了解交易流程，容易造成交易手续办理的烦琐和缺失。本项目主要介绍二手车的基本概念及买卖交易，包含以下两个任务。

任务一：二手车概述。

任务二：汽车基本知识。

通过以上两个任务的学习，帮助读者掌握二手车的基本知识，以及掌握二手车的鉴定方法。

学习目标

知识目标

- ◆ 能够辨别二手车的优点。
- ◆ 熟悉二手车鉴定评估基本术语。
- ◆ 熟练掌握 VIN 码、玻璃标识、轮胎的标识。
- ◆ 了解汽车的强制报废标准。

能力目标

- ◆ 可以正确地识别 VIN 码。

素质目标

- ◆ 培养学生分析事物的能力。
- ◆ 培养学生的探索精神、创新精神。

思政目标

- ◆ 通过学习和实践，学生可以更加清晰地了解二手车，培养其探索精神，提高动手能力。

任务工单

评估二手车价值

学院		专业	
姓名		学号	

一、接受工作任务

车辆经过静态检查、动态检查后，根据车辆技术状况及鉴定目的，二手车鉴定评估师需运用相应的评估方法（重置成本法、现行市价法等）对车辆价值进行评估。

二、制订计划

根据被评估车辆实际情况，选择合适的二手车价值评估方法，制订作业计划。

三、计划实施

（1）请完善《二手车技术状况鉴定评估委托书》内容。

二手车技术状况鉴定评估委托书

委托书编号：

委托方信息：

委托方名称（姓名）：　　　　统一社会信用代码 / 身份证号：

委托方地址：　　　　联系电话：

鉴定评估机构信息：

鉴定评估机构名称：　　　　统一社会信用代码：

鉴定评估机构地址：

联系人：　　　　联系电话：

原因 □交易 □典当 □拍卖 □置换 □抵押 □担保 □咨询 □司法裁决需要

委托人与受托人达成委托关系，号牌号码为__________，车辆类型为__________，车架号（VIN 码）为__________，的车辆进行技术状况__________鉴定并出具评估报告书，________年________月________日前完成。

委托评估车辆基本信息。

车辆情况	厂牌型号			使用用途	营运□ 非运营□
	总质量 / 座位 / 排量			燃料种类	
	初次登记日期	年 月 日		车身颜色	
	已使用年限	年 个月	累计行驶里程（万公里）		
	大修次数	发动机（次）		整车（次）	
	维修情况				
	事故情况				
价值反映	购置日期	年 月 日		原始价格（元）	

备注：

（续表 1）

说明：
① 若被评估车辆使用用途曾为营运车辆，需在备注栏中予以说明。
② 委托方必须对车辆信息的真实性负责，不得隐瞒任何情节，凡由此引起的法律责任及赔偿责任由委托方负责。
③ 本委托书一式两份，委托方、受托方各一份。

委托方：（签字、盖章）　　受托方：（签字、盖章）
年　月　日　　年　月　日

（2）请完善被评估车辆评估结果信息。

被评估车辆的评估结果			
鉴定评估基准日	年　月　日	年审检验合格至	年　月
交强险截止日期	年　月　日	车船税截止日期	年　月
是否为查封、抵押车辆	□是 □否	车辆购置税证	□有 □无
机动车登记证书	□有 □无	机动车行驶证	□有 □无
技术状况等级		技术状况分值	

综合评定结论：

备注：

（3）请根据所学知识，分别运用重置成本法和现行市价法两种评估方法计算二手车价值，并详细记录计算过程。
① 重置成本法。
② 现行市价法。

被评估二手车与参照车辆的有关技术经济参数。

序号	技术经济参数	参照车辆 A	参照车辆 B	被评估二手车
1	车辆型号			
2	车辆配置类型			
3	发动机类别			
4	发动机排量			
5	变速器类型			
6	尾气排放标准			
7	销售条件			
8	行驶里程			
9	交易时间			
10	规定使用年限			
11	初次登记日期			
12	已使用时间			
13	技术鉴定分值			
14	成新率			
15	交易数量			
16	付款方式			
17	交易地点			
18	物价指数			
19	交易价格			

（续表 2）

四、质量检查

请实训指导教师检查作业结果。

序号	检查项目	填写情况（准确程度）
1	《二手车技术状况鉴定评估委托书》	
2	被评估车辆评估结果信息	
3	运用重置成本法估算被评估二手车价值的计算过程	
4	运用现行市价法估算被评估二手车价值的计算过程	

五、评价反馈

请根据在本次任务中的实际表现进行评价。

序号	评分标准	评分分值	得分
1	明确工作任务，理解任务在企业工作中的重要程度	10	
2	掌握工作相关知识及要点	10	
3	准确填写《二手车技术状况鉴定评估委托书》	15	
4	准确填写被评估车辆评估结果信息	15	
5	能够运用重置成本法估算被评估二手车价值	25	
6	能够运用现行市价法估算被评估二手车价值	25	
合计（总分 100 分）			

任务一　二手车概述

二手车概述

一、概念

（一）二手车定义

二手车是指从办理完注册登记手续达到国家强制报废标准之前，需要进行交易并转移所有权的汽车（包括三轮汽车、低速载货车即原农用运输车）、挂车、摩托车。二手车不一定是传统上认为的“旧车”，只要上了牌照并在合法使用期内的车再进行交易就是二手车。实际上有刚上牌的，甚至没上牌的的二手车。例如，不少国家对新车销售年限有严格的规定，过了规定的新车销售时间，不能再进入新车的渠道销售，也就属于二手车的范畴了；有新车销售为了完成年终任务，获得丰厚的年终奖，不得不将少量尚未实际销售出去的车上牌以冲抵销售量。而这些上牌的车已不能作为新车销售，将流入二手市场，所以成了“全新二手车”。还有一些用于外展活动供客户驾驶的车辆，由于这些车辆已经使用过，虽未经过注册登记，但不能作为新车销售，也会进入拍卖场或二手车市场。狭义的二手车市场是指机动车二次流动的场所，它具有中介服务商和商品经营者的双重身份。

二手车市场的功能有：二手车鉴定评估、收购、销售、寄售、代购、代销、租赁、置换、拍卖、检测维修、配件供应、美容装饰、售后服务，以及为客户提供过户、转籍、上牌、保险等服务。此外，二手车市场还应严格按国家有关法律法规审查二手车交易的合法性，坚决杜绝盗抢车、走私车、非法配装车和证照与规费凭证不全的车辆上市交易。广义的二手车市场则不仅仅局限于提供活动的场所，还包括买卖双方、交易的车辆这些主客体及他们之间的交易关系，以及各种交易信息、政策法规等一切影响二手车交易的外部环境。

知识拓展

购买二手车的优势

1. 经济实惠

二手车一般都不是时下车市最新的车型，一般要落后两年，同一品牌同一车型的二手车，晚买一到两年，就可以省掉不少钱。另外，随着油价的上涨，人们的出行成本不断加大。如果经济不是很宽裕，买车只为了代步，买台二手车还是很划算的。

2. 折价率低

任何一辆汽车，只要在车管所登记落户后，不管用还是不用，或者用多还是用少，它每一年的价值都在不断下降。一般来说，一年后要贬值20%，两年后要贬值35%，三年后要贬值50%。据二手车评估师介绍，越是高端车折价率越大，每年折价率会高达1万多元。如果要买台二手车，就相当于别人在给自己的折价率买单，买一台新车的钱，可以买两台不错的二手车，即使用了几年后，再将车卖掉，也不会赔多少。

3. 刮碰不心疼

现在不少买车的人都是新手，由于驾车经验不足、驾驶技术不佳，在路上难免会刮刮碰碰。如果新车刮蹭后就得喷漆、维护，累加起来这也是不小的一笔费用。而买台二手车，即使发生刮碰也能将就着用，等毛病大了，给车做一次大的翻新、美容就可以了。

4. 零件好配

如果买台新上市的车，一旦出现故障，汽车零配件有可能很难买到；但如果买台二手车，就不用再为买汽车零配件而担心。因为一般的二手车都是两年以前的车型，针对该车的零配、美容、保养等汽车服务行业已经非常健全和成熟，有关汽车的配件也比较充足，车主一般都不用再为买不到汽车配件而四处奔波。

5. 选择余地大

如果想买台新车，仅有的钱未必能买来合自己心意的新车。但如果买二手车，不多的钱也可以选择很多好的车型。也就是说，相同的钱，购买二手车的选择空间和余地要比新车大。

提示：无论是购买新车还是购买二手车，一定要根据自己的经济实力，做到理性消费。

（二）处理渠道

1. 二手车市场

如今的二手车市场早已不是当初单一的销售方式，它所涵盖的车有几百万的超级豪华车，也有几千元的停产车。到二手车市场去寻找直接的卖方，可以省略中间环节，获得更多的利益。但前提条件是要真正了解行情，能给车准确定位。在二手车市场里有些商家，利用顾客不懂行情而把价格打压得很低，所以一定要做到心中有数。

2. 二手车网站

互联网的时代，二手车网站很多，为车主寻找买主提供免费的交易平台。在专业的二手车网站上，都会有免费评估的版块，车主可以大致判断自己旧车的定价，不会受骗。不过，这些评估结果同市场行情可能有偏差，所以只能做参考。

二手车估价网络平台是一种在线服务工具，其主要职能是为用户提供二手车的估价服务。用户只需在网站上提交有关车辆的基础信息，如车型、使用年限、行驶里程等，系统便会基于这些信息对车辆价值进行评估。通常情况下，平台会提供一个参考估价区间，为卖家和买家在交易过程中提供参考依据。

在二手车交易过程中，价格的确定至关重要。卖家期望以尽可能高的价格出售车辆，实现利益最大化；而买家则希望以尽可能低的价格购入车辆，以降低购买成本。然而，在缺乏明确的市场价格指导时，准确评估二手车的实际价值变得异常困难。

二手车估价网络平台应运而生，其不仅有助于卖家快速了解自身车辆的市场价值，还能为买家提供市场价格参考范围，从而使其在交易中占据更有利的位置。这些估价平台通常基于庞大的数据集建立估值模型。平台会广泛收集市场上各种二手车的相关数据，如使用年限、行驶里程、品牌、车型等，并深入分析这些数据中的特征和规律，然后依据这些规律构建统计模型。

通过这些方法，二手车估价网络平台能够根据用户提交的车辆信息，在历史数据中找到类似车辆进行比较，从而评估出该车辆的市场价值。由于不同平台可能采用不同的估值算法，因此所得估值结果可能存在一定差异。因此，在使用估价网络平台时，建议用户尝试多个平台，比较不同结果，选择最为准确可靠的平台进行评估。

3. 经纪公司

二手车经纪是指提供中介服务并收取中介费的机构。二手车经营是指收购车辆，赚取车辆差价。通过这种渠道交易比较省心，不需要花很多的精力，就可以轻轻松松地处理掉自己的旧车。多问几家公司的报价，就可以了解市场的准确行情。

4. 4S 店以旧换新

在 4S 店里在旧车再补贴一定的钱，就可以开一辆新车回家了，这种方式最安全和省心。缺点是大部分 4S 店是依靠专业二手车服务商来完成评估和交易的，加上 4S 店还要收取一定的收益，所以价格上较吃亏。这种方式适合购置新车并且追求完美服务的车主。

（三）购买二手车需要注意的事项

一是看外观。看看车身有无漆面破损、剥落和明显的刮痕，有无漆状颗粒。

二是看发动机舱和底盘。打开发动机舱，看看发动机有无漏油、漏水，检查发动机托架和大梁、转向柱，看看有无变形。如果出现漏油、漏水，说明发动机需要大修，不值得买；如果大梁、转向柱、发动机托架出现变形或修补痕迹，说明是经过维修的事故车，绝对不能买，再便宜也不能买。观察底盘的时候，主要是看底盘有无破损变形和锈蚀，如果没有，说明车况良好；如果有，说明车的工艺欠佳或者车主使用时不够爱惜，不能买。

三是试车。点火后，听发动机怠速是否平稳，声音是否清脆、悦耳，有无断油或闷车现象。如果有，说明发动机保养状况不好，以后使用有隐患。然后逐个试车的电子设备，如大灯、转向灯、雨刷器、音响系统、空调系统等，看看是否正常工作。最后试一下刹车、转向是否灵敏，发动机提速是否迅速。如果都没有问题，说明此车还成，可以购买。

四是手续。在买车的时候，对车主的身份证、机动车辆登记证、机动车辆行驶证、购置税完税证明、新车购买时发票或车辆过户交易发票、养路费交纳证明（截至 2008 年底），以及有效期内的年检合同标志、车船使用税的完税证明、车辆保险单、商检证明（仅限进口车）、环境证明（环保标志）、法人代码登记证或介绍信（限法人）等都要仔细检查。

（四）二手车交易七大圈套

第一是夸大缺陷操作手法：在二手车交易中，部分收购商可能会采取一种策略，即过度强调车辆的潜在缺陷。这种做法通常发生在车主对车辆评估不够专业的情况下，卖家可能会利用这一信息不对等，夸大车辆的瑕疵，进而在旧车收购时降低价格。需要指出的是，当前二手车市场的车辆评估过程尚未形成统一标准，也缺乏有效的质量检测手段。因此，车辆的实际状况和最终价格往往取决于卖家的描述和车主的判断力。

分析：二手车的评估过程涉及多个关键步骤，包括静态检查、动态检查、手续审验以及车辆合法性审查等。为确保评估结果的准确性和可靠性，这一过程需要使用专业的仪器，遵循标准化的流程。只有当以上所有方面都得到综合考量与评定，我们才能准确地确定车辆的现值价格。这一严谨、稳重的评估方法确保了评估结果的专业性和权威性。

第二是打配置牌操作手法：在二手车收购中，车辆配置的高低是决定价格的关键因素之一。部分收购商会采取调整配置差异的手法，将原本差价较大的车型缩小差距，例如将原本 3 万元的差价降至 1 万元。特别是针对那些年代久远、已停产且无法追溯证明文件的车辆，收购商可能会故意将高配版本描述为低配版本，或将豪华型车型标为基础型，以达到调整价格的目的。这种操作手法需要引起注意，确保在二手车交易中能够准确评估车辆价值，维护买卖双方的权益。

分析：二手车市场与新车市场略有不同，低端车型配置影响价格的能力不强，日系车及高端品牌车型配置影响价格较大，排量大的美系车型相对来说价格会比较低。

第三是虚报高价操作手法：收购商在二手车交易中常采用“虚报”策略，先报高价吸引车主，再恶意砍价。最终出价远低于原价，以达成更有利的交易。

分析：收购商报高价的主要动因在于排挤竞争对手，吸引潜在客户的注意力，并激发车主的兴趣，从而创造更多的交流机会。为了有效应对不法商贩的虚假宣传和恶意抬价行为，车主在出售二手车之前，应当深入旧车市场进行调研，全面了解当前的旧车收购市场行情，以便作出更为明智的决策。

第四是克扣钱款操作手法：众多二手车车主在售出车辆后，因避免烦琐流程，通常不愿陪同买家完成过户手续。在此期间，部分二手车中介可能会利用此机会，未经车主同意，擅自扣留保险、养路费等费用，私自占有。对于二手车中介的收购行为，他们通常不会一次性支付全部车款给车主，而是会扣留数千元至数万元不等的款项，待车辆成功售出并完成过户手续后再行返还。然而，也存在部分不法中介，他们可能会故意不退还这笔押金，给车主带来经济损失。

分析：购车时选正规公司，购车协议明确退款条款，后续可凭证退费。

第五是忽悠行情操作手法：在处理二手车交易时，对于那些坚持高价且不愿妥协的车主，一些中间商可能会利用他们对市场动态缺乏深入了解的弱点。中间商可能会采取策略，通过贬低车辆价值、引用各种市场因素（如汽车排量、新车价格调整、购置税政策变动、冷门车型、车辆停产、牌照价格下滑以及车船使用税的调整等），来动摇车主的心理价位预期，从而逐步引导车主降低期望售价。这种策略的目的在于促成交易，使中间商能够以更为有利的价格获得车辆。

分析：在二手车交易中，车主应避免过早透露心理预期价格。让车贩首先报价，以便了解市场行情。若能以接近真实行情的价格成交，即为成功。

第六是暂不过户操作手法：部分不良中间商在收购车辆时，均声称“必将完成过户程序”，然而在实际操作中，他们往往忽视向机动车登记管理部门提交过户申请。由于这种过户手续的缺失，一旦二手车涉及交通违规或事故等情形，原车主将不得不承担相应法律责任。而中间商则完全置身事外，不承担任何责任。

分析：二手车车主应选择合法商家进行交易，并签订书面买卖合同，明确双方权责。

第七是请人询价操作手法：不良中间商利用车主寻求最佳交易的心理，刻意诱导多方参与询价过程，包括车主的朋友等。这些中间商往往提供虚假的、低于其实际报价的价格，以干扰车主的判断。尽管这些报价并非基于市场实际情况，但由于车主可能缺乏充分的市场了解，更倾向于接受这些中间商的报价。这种行为不仅损害了车主的利益，也扰乱了二手车市场的正常秩序。

分析：在决定购买二手车前，建议向多家正规经纪公司询价并比较，也可请专业评估师估价，确保以合理价格购买。

（五）购买二手车时必须注意的数字

车辆身上的数字，如车牌号、车架号、出厂铭牌、车窗和前后出厂小标等都是在购买二手车时要特别留意的。

1. 车牌数字

首先要看车牌是否干净，这主要是取决于原车主是否在意车辆，是否经常跑长途，但是不排除有些原车主已经把车牌打扫得很干净了。其次看车牌牌面是否平整，有没有明显的撞伤和划痕。

2. 车架数字

数字和字母组成的车架号，就是车辆的身份证。假如有划伤或不清楚，直接影响车辆的过户。而且车架号的四周颜色和机器盖里面的颜色不同，说明车辆改过颜色。

3. 铭牌数字

看出厂铭牌，确保车辆的排量和生产日期等信息，再看铭牌是否有拧过的痕迹和划伤，由于很多车的出厂铭牌装在不易撞到的地方。再看行驶本上的登记日期，一般都在出厂日期后。假如两个日期相差太远，表明这辆车是积存车。

4. 小标数字

每辆合格的车辆出厂后，车窗和前后风挡的小标必须一致。有的车是字母，有的车是数字，假如小标数字不一致，那就说明该车可能由于破损而被更换过。

5. 公里数字

一般近两三年的车，或是有保养记录的车辆公里数还是比较正确的。而年头太久的车，一般公里数都不是很正确。

6. 发动机号

一般的车辆都不会有问题，不会轻易更换发动机。假如登记证上发动机号被重新登记过，那就说明该车修整过。

（六）九种二手车禁止交易

《旧机动车交易管理办法》中规定，旧机动车是指办理了机动车注册登记手续，距报废标准规定年限一年以上的汽车或摩托车及特种车辆。下列九种二手车则在禁止交易之列。

（1）已办理了报废手续的各类机动车。

（2）虽未办理报废手续，但已达到报废标准或在一年时间内将报废的各类机动车。

（3）未经安全检测和质量检测的各类机动车。

（4）证件手续不齐全的各类旧机动车。

（5）各种盗窃车、走私车。

（6）各种非法拼装车、组装车。

（7）国产、进口和进口件非法组装的各类新机动车。

（8）右方向盘的旧机动车。

（9）国家法律、法规禁止进入经营领域的其他各类机动车。

二、二手车的优点

随着二手车市场的相对健全，二手车价格也更加透明，对于买家和卖家来说，也都能比较放心地去操作。从价格方面来说，二手车无疑更有优势。特别是对于已经有一辆车的家庭来说，购入第二辆车往往是在特定时间满足某种出行需要，使用率并不高，一辆价格合理、功能齐全的二手车往往更有吸引力。

二手车的优点，见表 1–1。

表 1–1　二手车的优点

优点	分析
便宜	二手车最大的优点就是便宜。不同年份的二手车的价格仅相当于新车的三分之一到二分之一，甚至更少。而且，由于新车头两年折旧率比较高，买二手车避开了汽车的快速折旧期，所以还具有相对保值的优势。此外，某些特定年代和车型的二手车还具有收藏的价值。
适合初学驾驶者	初学驾驶者，刚拿了驾照但技术不过硬，可以先买台二手车
适合汽车发烧友	对于希望体验新鲜感觉的汽车发烧友们，二手车是不错的选择
降低购车成本	用购买新车的钱可以买到高一个挡次的二手车，因此，从降低购车成本的角度来看，购买二手车不失为明智的选择

三、二手车鉴定评估基本术语

二手车鉴定评估基本术语包括：二手车、二手车交易、二手车经销、二手车拍卖、二手车经纪、二手车鉴定评估、二手车鉴定评估的主体、二手车鉴定评估的客体、二手车置换、成新率、折现率、贬值、功能性贬值、经济性贬值、有形损耗贬值、二手车的原值、二手车的净值、二手车的残值和评估值。

二手车鉴定评估基本术语，见表 1–2。

表 1–2　二手车鉴定评估基本术语

基本术语	释义
二手车	二手车是指办理完注册登记手续，达到国家报废标准之前，进行交易并转移所有权的汽车（包括三轮汽车、低速载货车即原农用运输车）、挂车和摩托车。二手车的标准术语为旧机动车
二手车交易	二手车交易行为是指以二手车为交易对象，在国家规定的二手车交易市场或其他经合法审批的交易场所中进行的二手车的商品交换和产权交易
二手车经销	二手车经销是指二手车经销企业收购、销售二手车的经营活动
二手车拍卖	二手车拍卖是指二手车拍卖企业以公开竞价的形式将二手车转让给最高应价者的经营活动
二手车经纪	二手车经纪是指二手车经纪机构以收取佣金为目的，为促成他人交易二手车而从事居间、行纪或者代理等经营活动
二手车鉴定评估	二手车鉴定评估是指二手车鉴定评估机构对二手车技术状况及其价值进行鉴定评估的经营活动
二手车鉴定评估的主体	二手车鉴定评估的主体是指二手车评估业务的承担者，即从事二手车评估的机构及专业评估人员
二手车鉴定评估的客体	二手车鉴定评估的客体是指被评估的车辆
二手车置换	狭义的置换就是“以旧换新”业务，即经销商通过二手商品的收购与新商品的对等销售获取利益。广义的置换则是指在以旧换新业务的基础上，还同时兼容二手商品的整新、跟踪、再销售乃至折抵、分期付款等项目的一系列业务组合，从而成为一种有机而独立运营的营销方式。由于可以推动新车销售，不同于以往二手车交易的是，二手车置换业务依靠汽车品牌专营店，获得汽车制造厂商的强大技术支持，经销商为二手车的再销售提供一定程度上的质量担保，这大大降低了消费者的购买风险，规范了交易双方的交易行为，有很大的发展潜力
成新率	成新率是二手车新旧程度的衡量指标，是指二手车的功能或使用价值占全新机动车的功能或使用价值的比率，也可理解为二手车的现实状况与机动车全新状况的比率

（续表）

基本术语	释义
折现率	折现率是指将未来有限期预期收益折算成现值的比率。本金化率、资本化率和还原利率则通常是指将未来无限期预期收益折算成现值的比率
贬值	二手车贬值根据性质不同可分为：功能性贬值、经济性贬值、有形损耗贬值
功能性贬值	功能性贬值是指由于技术进步引起的二手车功能相对落后而导致的贬值，这是一种无形损耗。功能性贬值可分为一次性功能贬值和营运性功能贬值
经济性贬值	经济性贬值是反映社会对各类产品综合的经济性贬值的大小，突出表现为供求关系的变化对市场价格的影响。二手车经济性贬值是指由于外部经济环境变化所造成的车辆贬值，它也是一种无形损耗
有形损耗贬值	有形损耗贬值也称实体性贬值，是指二手车在存放和使用过程中，由于物理和化学原因（如机件磨损、锈蚀和老化等）而导致的车辆实体发生的价值损耗，即由于自然力的作用而发生的损耗。计量二手车实体有形损耗时主要根据已使用年限进行分摊
二手车的原值	二手车的原值即原始价值，是指车主在购置或以其他方式取得某类全新机动车时所发生的全部货币支出，包括买价、运杂费、车辆购置附加费、消费税、新车登记注册等所发生的费用
二手车的净值	二手车在使用的过程中逐渐磨损，其原始价值也随之减少而转入企业成本。企业提取的机械折旧额为折旧基金，用于对车辆磨损的补偿。提取折旧后，剩余的机械净值称为二手车的净值，它在一定程度上反映了车辆现有价值
二手车的残值	二手车报废清理时回收的材料、废料的价值称残值，它体现二手车丧失生产能力以后的残体价值
评估值	评估值是指遵循一定的计价标准和评估方法，重新确定的二手车现值

四、二手车鉴定评估的简易流程

二手车鉴定评估的简易流程一般为验车、评估、买卖交易、过户、税费变更，见表 1–3。

表 1–3　二手车鉴定评估的简易流程

序号	流程	释义
1	验车	在二手车交易流程中，验车是极为重要的一个环节。除了对车辆车况本身的检查外，也不要忽视对“汽车违章”“交强险”等的检查，以免在后续的过户中产生不必要的麻烦
2	评估	我国法律规定，二手车交易属于产权交易范围，需要到国家指定的交易中心进行。因此在验车后就可以在二手车市场内找专业的评估师对车辆进行一次全面的评估，并根据车辆的使用年限（已使用年限）、行驶公里数、总体车况和事故记录等进行系统的勘察和评估，折算车辆的成新率，再按照该车的市场销售状况等，提出基本参考价格，通过计算机系统的运算，打印“车辆评估书”，由评估机构的评估师签章后生效，作为车辆交易的参考和依法纳税的依据之一
3	买卖交易	在车辆评估结束后，交易双方就可以到交易市场内的过户大厅去办理交易手续，完成后交易市场会开具一个全国统一的二手车交易发票； 其中办理交易手续的材料包括：行驶证、登记证书、原始购车发票或上一次买卖交易的旧机动车发票、出售方车主身份证原件、购买方车主身份证原件及相关证明（暂住证、外籍人士居留证、军官证等）、交易车辆
4	过户	车辆过户又称为车辆的过户转移登记手续，即买方在取得了由交易市场开具的二手车交易发票后，就可以拿该发票去户口所在地辖区的主管车辆管理所或地区的车辆管理总所办理过户并取得新的行驶证、车牌的手续； 办理过户手续包括原行驶证、原登记证书、交易市场为本次交易开具的二手车交易发票、身份证原件及相关证明（暂住证、外籍人士居留证、军官证等）、过户车辆
5	税费变更	税费变更的内容一般包括车辆购置税、车船使用税、车辆保险及各地区规定的其他税费。对以上这些税费进行的变更不但是保证交易双方合法权益的必要程序，也是保证车辆税费、保险等手续正常续缴的必要程序。这些手续办理的地点一般是各种税费、保险专门的征稽处及办理点

提示：在办理完所有的手续之后，不要忘记将能够证明此次交易的重要手续复印留存。包括过户后的登记证书中记载过户事宜的一页和此次的交易发票。

二手车交易流程图如图 1–1 所示。

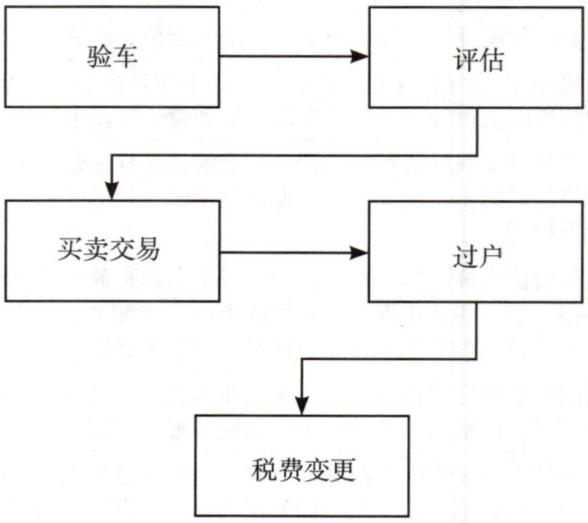

图 1–1　二手车交易流程图

课堂讨论

二手车的优点有哪些？简述二手车简易的交易过程。

任务二　汽车基本知识

一、汽车识别代码

（一）汽车识别代码的特点

汽车识别代码（vehicle identification number，VIN）经过排列组合，可以使车型生产在 30 年之内不会发生重号现象，它具有对车辆的唯一识别性，因此又称为“汽车身份证”。汽车识别代码中含有车辆的制造厂家、生产年代、车型、车身形式、发动机，以及其他装备的信息。

汽车识别代码又称 17 位代码，也称车架号，是汽车制造厂为了识别一辆汽车而规定的一组代码，由一组数字（不用数字 0）和字母（不用字母 I、O、Q、U、Z）组成，共 17 位。图 1–2 为机动车行驶证上的 VIN 码。

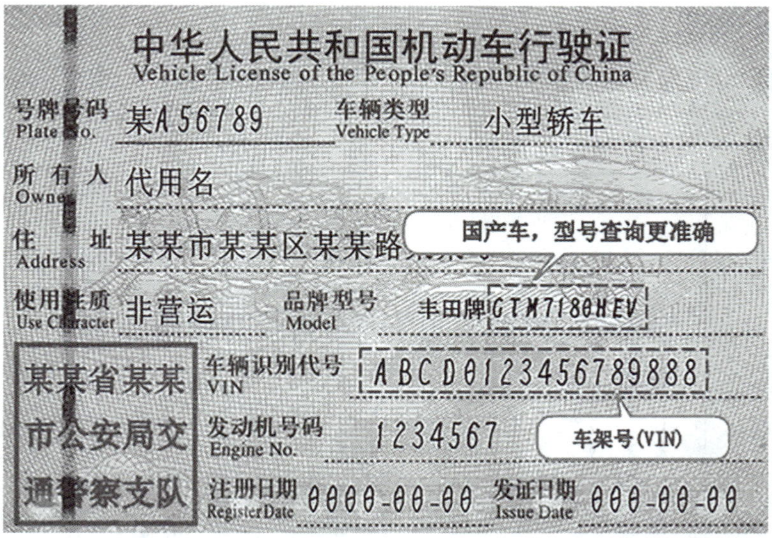

图 1-2　机动车行驶证上的 VIN 码

通过 VIN 码能够查询到该车的生产国别、制造公司或生产厂家、车的类型、品牌名称、车型系列、车身形式、发动机型号、车型年款、安全防护装置型号、检验数字、装配工厂名称和出厂顺序号码等。

无论是在购买新车还是购买二手车时，都要查看 VIN 码，通过 VIN 码可以了解该汽车的真实产地（对进口车尤其重要）、生产年限及内部的配置情况。

（二）汽车识别代码的位置

VIN 码位于车辆的前半部分、易于看到且能防止磨损或替换的部位。VIN 码常见位置在仪表板左侧、前横梁、行李舱内、悬挂支架上、纵梁上、翼子板内侧、直接标注在车辆铭牌上，也可能固定在车辆门铰链柱、门锁柱或与门锁柱接合的门边之一的柱子上，接近于驾驶人员座位的地方；大型客车、货车则可能在整车底盘等地方。VIN 码的常见位置如图 1-3 所示。

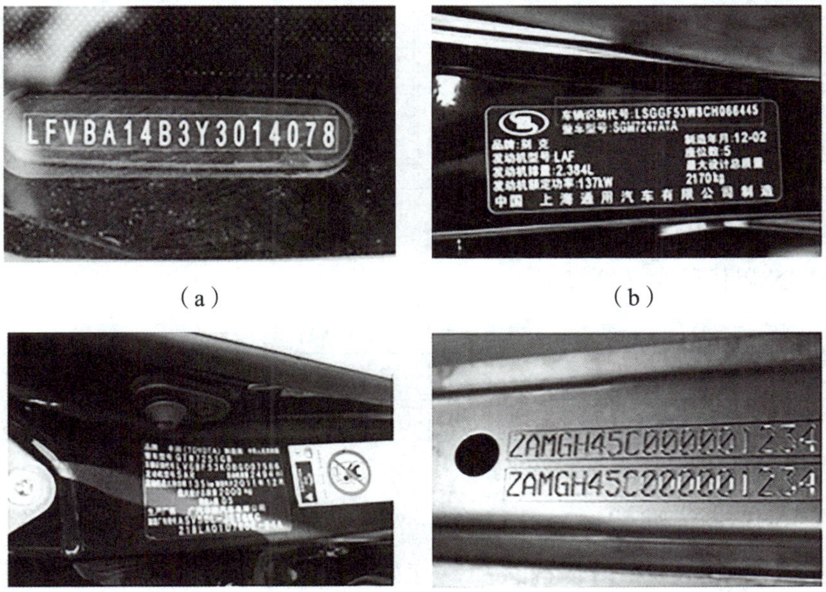

（a）　（b）

（c）　（d）

图 1-3　VIN 码的常见位置

（三）VIN 码的组成

VIN 码的基本内容由世界制造厂识别代码（WMI）、车辆说明部分（VDS）和车辆指示部分（VIS）三部分组成，如图 1–4 所示。

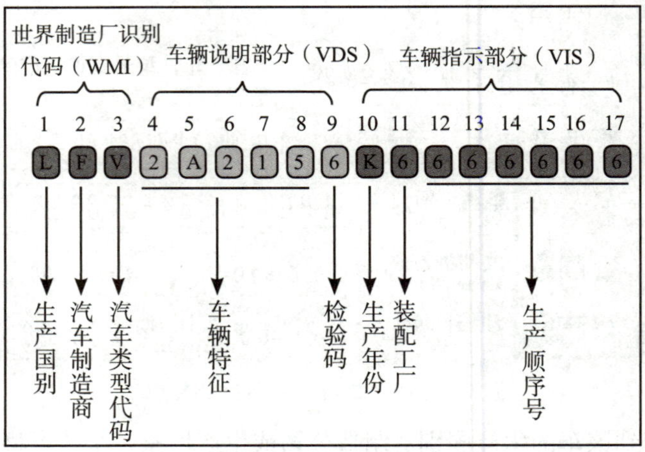

图 1–4　汽车识别代码的构成及含义

VIN 码中第 10 位，表示汽车生产年份，年份代码按表 1–4 规定对照使用。

表 1–4　VIN 码中第 10 位代码与年份对照表

年份	代码	年份	代码	年份	代码	年份	代码
1991	M	2001	1	2011	B	2021	M
1992	N	2002	2	2012	C	2022	N
1993	P	2003	3	2013	D	2023	P
1994	R	2004	4	2014	E	2024	R
1995	S	2005	5	2015	F	2025	S
1996	T	2006	6	2016	G	2026	T
1997	V	2007	7	2017	H	2027	V
1998	W	2008	8	2018	J	2028	W
1999	X	2009	9	2019	K	2029	X
2000	Y	2010	A	2020	L	2030	Y

（四）部分汽车品牌的 VIN 码编码规则

中国一汽集团 VIN 码代码含义见表 1–5。

表 1–5　中国一汽集团 VIN 码代码含义

L	F	P	H	5	A	B	A	2	M	8	0	0	4	3	2	1
（1）	（2）	（3）	（4）	（5）	（6）	（7）	（8）	（9）	（10）	（11）	（12）	（13）	（14）	（15）	（16）	（17）

第（1）位为生产国别代码。L 表示中国。

第（2）位为汽车制造商代码。F（First）表示一汽。

第（3）位为汽车类型代码。P（Passenger）表示轿车。

第（4）位为车辆品牌代码。H 表示红旗牌。

第（5）位为发动机排量代码。5 表示 2.1 ～ 2.5 L。

第（6）位为发动机类型及驱动形式。A 表示汽油、前置、前轮驱动。

第（7）位为车身形式代码。B 表示四门折背式。

第（8）位为安全保护装置代码。A 表示手动安全带。

第（9）位为工厂检验位代码。用数字 0 ～ 9 或 X 表示。

第（10）位为生产年份代码。M 表示生产年份为 2021 年。

第（11）位为生产装配工厂。8 表示第一轿车厂。

第（12）～（17）位表示工厂生产顺序号代码。

知识拓展

车辆识别代码又被称作汽车的身份证，执法机构可以通过车辆识别代码恢复被偷车辆和车辆的配件。车辆识别代码的制定与运用，在汽车工业方面具有非常重大的意义。车主可以通过车辆识别代码了解汽车的真实产地，这会对部分车主在进口车的购买上起到非常有力的帮助，如可以充分了解汽车内部的配置。

二、汽车玻璃上的标识

汽车玻璃是汽车车身附件中必不可少的部件，能提供良好的视线，起到防护作用，是驾乘人员的安全保障。汽车玻璃按所在的位置分为前挡风玻璃、侧窗玻璃、后挡风玻璃和天窗玻璃四种。汽车上的每块玻璃都印有相关的标识如图 1–5 所示。

1. 汽车玻璃上的品牌标志

汽车玻璃上一般都会印有汽车生产厂商的品牌标志，而且所有玻璃上都有这样的标志，如图 1–6 所示。

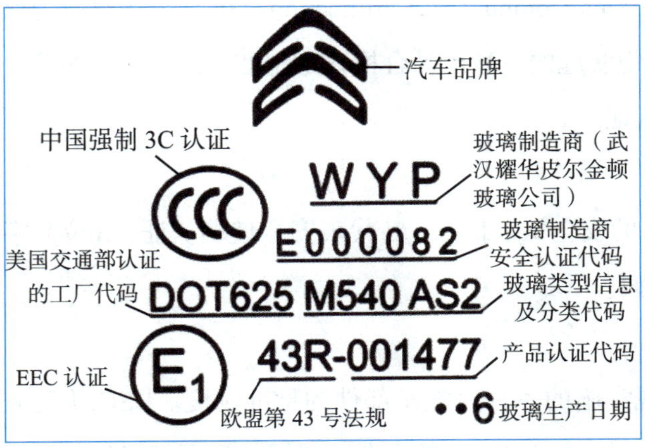

图 1–5　汽车玻璃上的标识

图 1–6　汽车玻璃上的品牌标志

注：图中“WYP”是武汉耀华皮尔金顿玻璃公司的简写。

2. 玻璃制造商的品牌标志

全球汽车玻璃市场被高度垄断，汽车玻璃知名品牌如图 1–7 所示。

（a）　　（b）

（c）　　（d）

图 1-7　汽车玻璃知名品牌

（1）皮尔金顿公司是玻璃生产集团之一，1826 年创建于英国，宾利、法拉利、奔驰、宝马等世界级名车均采用皮尔金顿制造的专业挡风玻璃，后被日本板硝子株式会社收购。

（2）福耀集团是我国汽车玻璃配套厂商，也是国内较具规模、技术水平较高、出口量较大的汽车玻璃生产供应商。

（3）板硝子株式会社是一家日本玻璃制造商，在 2006 年收购了英国皮尔金顿公司，是全球四大玻璃制造公司之一。

（4）旭硝子株式会社是一家日本玻璃制品公司，为全球第二大玻璃制造公司，1907 年成立至今超过一百年。旭硝子产品为各种玻璃制品与半成品。

3. 中国强制 3C 认证

中国强制 3C 认证是中国强制性产品认证制度（China Compulsory Certification，3C）。是政府为保护消费者人身安全，加强产品质量管理，依照法律法规实施的一种产品合格评定制度。需要注意的是，3C 标志并不是质量标志，而只是一种最基础的安全认证。

4. 汽车玻璃制造商的安全认证代码

汽车玻璃制造商的安全认证代码是国家强制要求的安全认证信息。E 代表安全玻璃认证，6 位数字是生产厂家代码，同一品牌不同生产地具有不同的代码。

5. EEC 认证（E-mark 认证）

EEC 认证是根据欧洲经济委员会（ECE）的法规实施的一种对汽车部件的批准制度。EEC 认证表示该产品也经过了国外认证机构的认证许可，并可以向国外出口。有的企业获得国外认证仅仅是为说明其产品的质量具有“国际水准”。E＋圆形外框，用于汽车零部件认可标志。“E”后面的数字代表颁发 E-mark 证书的各个不同成员国的代号，如 E1 代表德国，E4 代表荷兰。

6. 玻璃的生产日期

（1）查看玻璃的生产日期

玻璃上的数字代表年，如 5 就代表 2015 年生产。黑点在数字左边代表上半年生产，右边代表下半年生产。左边有几个黑点就用 7 减去几，若是一个黑点就用 7–1=6，即这块玻璃是 2015 年 6 月份生产的；如果黑点在数字右边，就用 13 减去几个黑点。如图 1–8 所示的玻璃生产日期为 2011 年 5 月。

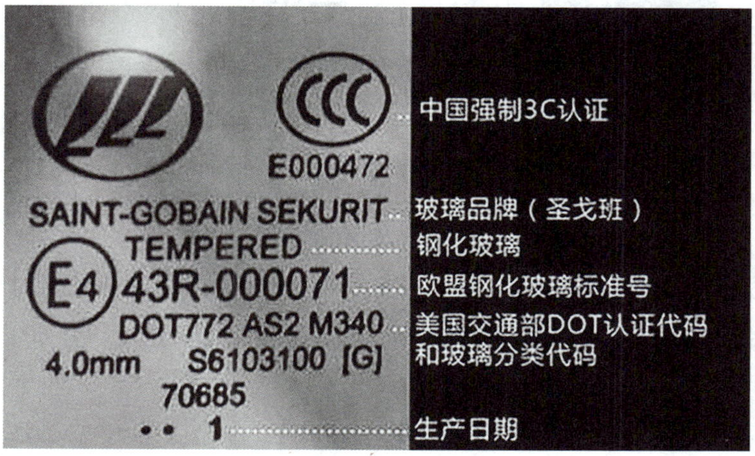

图 1–8　玻璃的生产日期

（2）判断玻璃是否被更换过

通常，汽车玻璃的出厂日期应该和汽车整车的出厂日期相近。玻璃作为汽车的配件，其生产日期要比整车的出厂日期早，如果玻璃生产日期晚于整车的出厂日期，可以判定该车的玻璃是更换过的。

7. DOT+ 数字

DOT 是美国交通运输部（United States Department of Transportation，DOT）的英文形式，总部位于华盛顿。DOT ID 是用来识别产品的生产工厂的。没有 ID 的厂家，只需在产品上打印上厂名或商标，交通部就可以识别。

8. M540 AS2

M540 AS2 是指美国交通部 DOT 认证代码以及玻璃分类代码。M540 主要用于标注玻璃的类型信息，如颜色、厚度等，一般一个厂家可以有多组号码。AS1 代表的是这块玻璃的透光率不小于 70%，即“清楚的玻璃”“可用于前风挡”；AS2 代表光线传输率不小于 70% 的玻璃，但它的可用范围是“除前风挡外的任何部位”。

有的汽车玻璃上写有 LAMINATED，表示玻璃的类型为夹层玻璃。如果是钢化玻璃就写为 TEMPERED。

三、汽车轮胎的标识

汽车轮胎上的标识很多，有轮胎品牌、规格（型号）、生产日期等。

1. 轮胎的规格

以轮胎的规格 195/60 R 1485 H 为例进行说明，如图 1–9 所示。

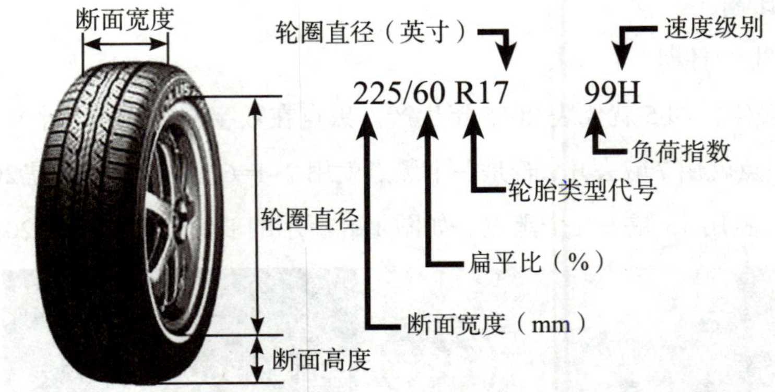

$$扁平比=\frac{断面高度}{断面宽度}\times 100\%$$

图 1-9　轮胎的规格

（1）225 表示轮胎断面宽度 225 mm，货车子午线轮胎的断面宽度一般以英寸（in）为单位。

（2）60 表示扁平比为 60%，扁平比为轮胎断面高度 H 与宽度 B 之比，有 60、65、70、75、80 五个级别。

（3）R 表示子午线轮胎，即“RADIAL”的第一个字母。

（4）17 表示轮辋直径或轮胎内径为 17 in。

（5）99 表示荷重等级，即最大载荷质量。荷重等级为 99 的轮胎的最大载荷质量为 775kg。

（6）H 表示速度等级，表明轮胎能行驶的最高车速。轮胎速度等级对应表，见表 1-6。

表 1-6　轮胎速度等级对应表

	速度等级	最高速度	适用范围
	L	120 km/h	—
	M	130 km/h	—
	N	140 km/h	—
	P	150 km/h	紧凑级轿车
	Q	160 km/h	
	R	170 km/h	
	S	180 km/h	
	T	190 km/h	
	U	200 km/h	中、高端轿车
	H	210 km/h	
	V	240 km/h	
	W	270 km/h	大型豪华轿车、超级跑车等
	Y	300 km/h	
	ZR	超过 240 km/h	

汽车高速行驶时，会使整个轮胎的温度升高，从而导致胎面磨损加剧，轮胎都有其设计的临界速度。为安全起见，轮胎是不允许超过设计速度使用的，而应根据轮胎的速度等级来使用。

另外，在轮胎规格前加“P”表示轿车轮胎；在轮胎侧标有“REINFORCED”表示经强化处理；“RADIAL”表示子午线轮胎；“TUBELESS”（或 TL）表示无内胎（真空胎）；“M+S”（mud and snow）表示适于泥地和雪地；“→”表示轮胎旋向，不可装反。

2. 轮胎的生产日期

轮胎生产日期可查看轮胎侧面相应的数据，如图 1–10 所示。生产日期的后两位代表生产年份，前两位代表第几周生产，图 1–10 中该轮胎为 2016 年第 8 周生产。

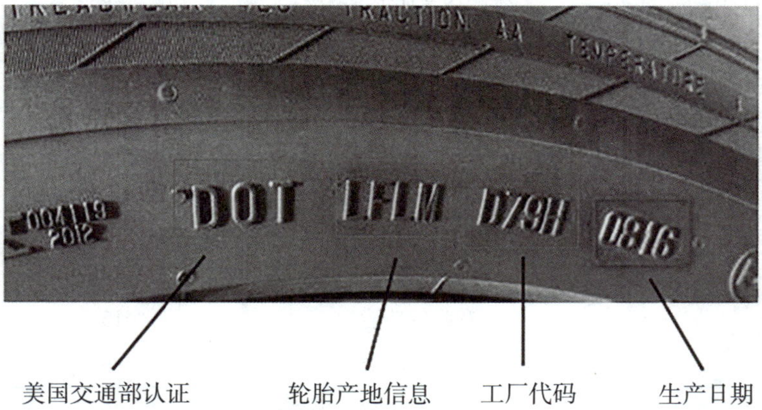

图 1–10　轮胎的生产日期

四、汽车强制报废标准

中华人民共和国商务部、中华人民共和国公安部、中华人民共和国国家发展和改革委员会、中华人民共和国环境保护部四部门联合制定并正式颁布了《机动车强制报废标准规定》，并于 2013 年 5 月 1 日起施行。其中规定：凡达到报废标准的机动车，其所有人应将机动车交售给报废机动车回收拆解企业，由报废机动车回收拆解企业按规定进行登记、拆解、销毁等处理，并将报废的机动车登记证书、号牌、行驶证交公安机关交通管理部门注销。

《机动车强制报废标准规定》从累计行驶里程数和（或）使用年限两个方面，对各类机动车的报废年限（里程）做了具体规定，见表 1–7。

表 1–7　各类机动车报废年限（里程）

<table>
<tr><th colspan="5">车辆类型与用途</th><th>使用年限 / 年</th><th>行驶里程参考值 / 万 km</th></tr>
<tr><td rowspan="12">汽车</td><td rowspan="12">载客</td><td rowspan="11">营运</td><td rowspan="3">出租客运</td><td>小、微型</td><td>8</td><td>60</td></tr>
<tr><td>中型</td><td>10</td><td>50</td></tr>
<tr><td>大型</td><td>12</td><td>60</td></tr>
<tr><td colspan="2">租赁</td><td>15</td><td>60</td></tr>
<tr><td rowspan="3">教练</td><td>小型</td><td>10</td><td>50</td></tr>
<tr><td>中型</td><td>12</td><td>50</td></tr>
<tr><td>大型</td><td>15</td><td>60</td></tr>
<tr><td colspan="2">公交客运</td><td>13</td><td>40</td></tr>
<tr><td rowspan="3">其他</td><td>小、微型</td><td>10</td><td>60</td></tr>
<tr><td>中型</td><td>15</td><td>50</td></tr>
<tr><td>大型</td><td>15</td><td>80</td></tr>
<tr><td colspan="3">专用校车</td><td>15</td><td>40</td></tr>
</table>

（续表）

车辆类型与用途				使用年限 / 年	行驶里程参考值 / 万 km
汽车	载客	非运营	小、微型客车，大型轿车 *	无	60
			中型客车	20	50
			大型客车	20	60
	载货		微型	12	50
			中、轻型	15	60
			重型	15	70
			危险品运输	10	40
			三轮汽车、装用单缸发动机的低速货车	9	无
			装用多缸发动机的低速货车	12	30
	专项作业		有载货功能	15	50
			无载货功能	30	50
挂车		半挂车	集装箱半挂车	20	无
			危险品运输半挂车	10	无
			其他	15	无
			全挂车	10	无
摩托车			正三轮摩托车	12	10
			其他	13	12
轮式专用机械车				无	50

注：表 1-7 中机动车主要依据《机动车类型术语和定义》进行分类；标注“*”车辆为乘用车。

对于小、微型出租客运汽车（纯电动汽车除外）和摩托车，省、自治区、直辖市人民政府有关部门可结合本地实际情况，制定严于表中使用年限的规定。但小、微型出租客运汽车使用年限不得低于 6 年，正三轮摩托车使用年限不得低于 10 年，其他摩托车使用年限不得低于 11 年。

思政之窗

学生群体应充分展现吃苦耐劳的品质，积极培养敬业精神，并强化团队协作能力。学生必须严格遵守国家法律法规，自觉维护国家和社会公共利益，树立良好的公共道德风尚。此外，学生还应具备诚实守信、公平公正、实事求是的合约精神，积极承担社会责任，具有强烈的使命感和责任感，为推动社会进步贡献力量。

课后习题

一、选择题

1．如果一辆二手车车窗玻璃标识上的日期为“……3”，其制造年份是（　　）。

A. 2003 年 3 月　　B. 2003 年 4 月　　C. 2003 年 5 月　　D. 2003 年 6 月

2. 二手车鉴定评估的目的，就决定了评估的（　　）。

A. 结论　　B. 方法　　C. 过程　　D. 价值

3. VIN 码中第（　　）位，表示汽车生产年份。

A.10　　B.9　　C.8　　D.7

4. 标准的 VIN 码第一位表示生产国家代码，我国的代码是（　　）。

A. A　　B.C　　C. Z　　D. L

5. 对二手车进行技术状况检测、鉴定，确定某一时点价值的过程称为二手车（　　）。

A. 技术状况鉴定　　B. 价值评估　　C. 鉴定评估　　D. 静态、动态检查

二、填空题

1. ____________是二手车新旧程度的衡量指标，是指二手车的功能或使用价值占全新机动车的功能或使用价值的比率。

2. 二手车贬值根据性质不同分为：____________、____________、____________。

3. 汽车玻璃按所在的位置分为____________、____________、____________和____________四种。

4. “AS2”代表光线传输率不小于____________的玻璃。

5. 二手车经济性贬值是指由于____________变化所造成的车辆贬值。

项目二

二手车评估准备

项目概述

二手车评估师在验车之前一定要了解验车的目的，如交易、拍卖、打官司等，评估目的不同，验车的侧重点也会有所不同。以交易为例，最重要是先判定这辆车是否是事故车、泡水车、火烧车。本项目主要介绍二手车评估的流程及二手车评估设备的使用，包含以下四个任务。

任务一：接受委托。

任务二：签订委托协议。

任务三：查验可交易车辆单证。

任务四：使用二手车鉴定评估设备。

通过以上四个任务的学习，帮助读者熟悉委托的流程，能够正确签订委托协议，查验可交易车辆单证，还可以正确使用二手车鉴定评估设备。

学习目标

知识目标

- ◆ 能够掌握业务洽谈的主要内容。
- ◆ 熟悉二手车鉴定评估委托书的基本内容。
- ◆ 能够查验可交易车辆单证。
- ◆ 熟悉各种二手车鉴定评估设备。

能力目标

- ◆ 能够正确使用二手车评估设备。

素质目标

◆ 培养学生的动手能力。

◆ 培养学生的探索精神、不畏困难的品质。

思政目标

◆ 通过实训与教学相结合的方式，让学生对二手车评估有更加清晰的认识，提高学生的动手能力，让学生体会到工匠精神，明确工匠精神的重要性。

任务工单

查验可交易车辆单证

学院		专业	
姓名		学号	

一、接受工作任务

车主张先生提供了车辆的行驶证、购置税本、机动车登记证书、发票及保险单等一系列资料，现在二手车鉴定评估师小李要对这些资料进行查验。

二、信息收集

（1）请描述机动车行驶证的查验要点。

____

____

（2）请描述机动车登记证书的查验要点。

____

____

（3）（判断题）完税（包括减税）车辆需加盖“车辆购置税征税专用章”，免税车辆需加盖“车辆购置免税专用章”，以及加盖征收机关公章后，凭证才有效。（　　）

（4）请描述机动车交通事故责任强制保险单的查验要点。

____

____

（5）请描述车辆铭牌的查验要点。

____

____

三、制订计划

请根据二手车手续查验的要求，制订查验可交易车辆单证的工作计划。

____

四、计划实施

请对以下单证进行查验。

序号	检查项目	识伪（真/假）	识伪理由
1	机动车来历凭证（以机动车销售统一发票为例）	□真 □假	
2	机动车行驶证	□真 □假	
3	机动车登记证书	□真 □假	
4	车辆购置税完税证明	□真 □假	
5	机动车交通事故责任强制保险单（正本或电子保单）	□真 □假	

（续表）

序号	检查项目	识伪（真 / 假）	识伪理由
6	机动车综合商业保险保险单（正本或电子保单）	□真 □假	
7	车辆铭牌	□真 □假	
8	车辆一致性证书 / 进口机动车车辆随车检验单	□真 □假	
9	机动车号牌	套牌：□真 □假	

五、质量检查

请实训指导教师检查作业结果。

序号	检查项目	检查项目完成情况	
		合格	不合格
1	机动车来历凭证（以机动车销售统一发票为例）		
2	机动车行驶证		
3	机动车登记证书		
4	车辆购置税完税证明		
5	机动车交通事故责任强制保险单（正本或电子保单）		
6	机动车综合商业保险保险单（正本或电子保单）		
7	车辆铭牌		
8	车辆一致性证书 / 进口机动车车辆随车检验单		
9	机动车号牌		

六、评价反馈

请根据学生在本次任务中的实际表现进行评价。

序号	评分标准	评分分值	得分
1	明确工作任务，理解任务在企业工作中的重要程度	5	
2	掌握工作相关知识及查验要点	5	
3	能够对机动车来历凭证（如机动车销售统一发票）进行查验、识伪	10	
4	能够对机动车行驶证进行查验、识伪	15	
5	能够对机动车登记证书进行查验、识伪	15	
6	能够对车辆购置完税证明进行查验、识伪	15	
7	能够对机动车交通事故责任强制保险单（正本）进行查验、识伪	10	
8	能够对机动车综合商业保险保险单（正本）进行查验、识伪	10	
9	能够对机动车号牌进行查验、识伪	15	
合计（总分 100 分）			

任务一　接受委托

一、业务洽谈

业务洽谈是二手车鉴定评估的第一项工作，也是一项重要的日常工作。业务洽谈工作的好坏直接影响二手车鉴定评估机构的形象和信誉，也是企业生存的基础。因此，二手车鉴定评估师应该重视并做好业务洽谈工作。通过业务洽谈，应该初步了解以下情况。

1. 车主单位（或个人）的基本情况

车主即机动车所有人，指拥有车辆所有权的单位或个人。了解洽谈的客人是否为车主，只有车主才有车辆处置权。

2. 评估目的

在接受委托前需要明确客户的评估目的，根据评估目的选择合适的评估方法，确定二手车的评估值。

3. 评估对象及其基本情况

（1）二手车类别。属于乘用车、商用车还是摩托车。

（2）二手车厂牌型号、生产厂家、燃料种类、出厂日期。

（3）二手车管理机构初次注册登记的日期、已使用年限、行驶里程。

（4）二手车来历。首次交易车辆或再次交易车辆；走私罚车或捐赠的免税车。

（5）车籍。车辆牌证发放地。

（6）使用性质。是公务用车、私用车，还是专业运输车或是出租营运车。

（7）各种证件税费等。是否齐全，是否每年经过年检，是否购买过保险。

（8）事故情况。有无发生过事故，如果有，事故的位置、更换的主要部分和总成情况。

（9）现时技术状况。了解发动机异响、排烟、动力、行驶等情况。

（10）大修次数。有无大修，大修次数等。

（11）选装件情况。是否加装音响、真皮座椅、桃木内饰等选装件，与基本配置的差异等。

二、注意事项

（1）接待客户时，要清晰、完整、快速、确切地表达意见。

（2）洽谈中，要对自己的话语表达加以控制，不能出现音调、音量失控的情况。

（3）体态要端正，手势要与说话的语速、语调、音量密切配合，不能出现脱节的情况。

（4）与客户洽谈的距离要保持在 1 ~ 1.5 m，视线接触对方脸部的时间应占全部谈话时间的 30% ~ 60%。

（5）着装要得体、合时，装饰佩戴要适当，妆容应自然。

（6）与客户进行电话交谈时，要认真做好记录，使用礼貌词语。

（7）与客户进行业务洽谈时应主要了解车主的基本情况、车辆情况、委托评估的意向、时间要求等。

（8）与客户签订二手车鉴定评估委托合同时，要认真填写合同中反映双方各自的权利责任、义务以及违约责任的相关内容。

（9）涉及国有资产占有单位要求申请立项的二手车鉴定评估业务，应由委托方提供国有资产管理部门关于评估立项申请的批复文件，经核实后，方能接受委托和签署委托合同。

任务二　签订委托协议

二手车鉴定评估委托书又称为二手车鉴定评估委托合同，是指二手车鉴定评估机构与法人、其他组织或自然人相互之间为实现二手车鉴定评估的目的，明确相互权利义务关系所订立的协议。二手车鉴定评估委托合同是受托方与委托方对各自权利、责任和义务的协定，是一项具有经济合同性质的契约。主要内容如下。

1. 二手车鉴定评估目的

（1）车辆交易

二手车鉴定评估机构或评估师作为车辆交易双方的中介，在车辆交易前需要站在公平、公正、独立的立场上，对交易二手车进行鉴定，并根据鉴定情况给出合理的车辆价格区间，作为交易双方的参考价格。

（2）车辆置换

随着我国机动车交易市场的不断发展壮大，越来越多的车主会随着生活水平的提高，不断更换新车。4S 店推出的置换业务（以旧换新／以旧换旧）极大地满足了消费者对于车辆置换的需要。由于置换价格通常会直接抵扣车价，消费者对二手车置换价格关注度较高。车辆置换也是目前 4S 店二手车部门最主要的业务之一。

（3）车辆转籍过户

二手车转籍过户是指变更车辆所有人信息，方便日后车辆的使用和保险赔偿。2023 年，我国二手车市场在诸多利好政策催化下累计交易量达 1 841.33 万辆，同比增长 14.88%，在实现止跌回升的同时，刷新了历史交易量新高纪录。2024 年，有着巨大发展潜力的二手车市场能否继续保持高速增长，关系着汽车消费市场的长远发展。

（4）车辆拍卖

为了加强汽车行业拍卖规范，促进汽车拍卖的发展，2019 年 4 月 1 日全国实施了《机动车拍卖规程》，将车辆拍卖分为新车拍卖和二手车拍卖两类，并规定在整个拍卖过程中要遵循公开、公平、公正、诚实信用的原则。

（5）车辆保险

车辆投保商业险尤其是机动车损失险时，需要根据车辆本身的价值确定当年缴纳的保费金额。出险后，保险公司也需要根据车辆出险前的价值对车辆损失进行评定估算。保险公司通常会根据车辆使用年限、行驶里程和使用强度确定合理的车辆价值。

（6）抵押贷款

车辆抵押贷款是指将借款人的车辆作为抵押物，向银行或汽车消费贷款公司取得贷款的行为。《机动车登记规定》第二十二条明确规定：机动车所有人将机动车作为抵押物抵押的，应当向登记地车辆管理所申请抵押登记；抵押权消灭的，应向当地登记地车辆管理所申请解除抵押登记。

（7）担保、典当

担保是指车辆所有人 / 单位，以车辆的形式为个人的经济行为或单位的经济行为提供担保，并承担连带责任。典当是指以机动车为质押物进行贷款融资典当业务。二手车车主将车辆及车辆相关证件交给典当机构，获得当金后在约定期限内支付当金利息、偿还当金后赎回车辆。

（8）司法鉴定

当事人遇到涉及车辆的讼诉时，委托鉴定估价师对车辆进行评估，有助于把握事实真相；同时，法院判决时，可以依据评估结果进行宣判，这种评估也可由法院委托评估机构进行。此外评估机构也接受法院等司法部门或个人的委托鉴定和识别走私车、盗抢车、非法拼装车等非法车辆。

（9）修复价格评估

保险公司对已经出险的车辆也需要进行鉴定与评估，以确定更换部件的名称、数量、金额和修理部件的范围、工时定额费用及附加费，从而控制事故车总的修理费用，防止修理范围任意扩大。

2. 车辆识别代码

车辆识别代码（VIN 码）是汽车行业中非常重要的一个概念，它不仅具有独特的编码规则，还蕴含着丰富的车辆信息。通过 VIN 码，我们可以更加便捷地了解和管理汽车，为我们的生活带来更多的便利和安全。地理区域代号与汽车制造商代码见表 2-1、表 2-2。

表 2-1　地理区域代号

1、4	美国	J	日本	S	英国
2	加拿大	K	韩国	T	瑞士
3	墨西哥	L	中国	V	法国
6	澳大利亚	Y	瑞典	W	德国
9	巴西	Z	意大利		

表 2-2　汽车制造商代码

1	Chevrolet	B	BMW	M	Hyundai
2	Pontiac	B	Dodge	M	Mitsubishi
3	Oldsmobile	C	Chrysler	M	Mercury
4	Buick	D	Mercedes	N	Infiniti
5	Pontiac	E	E-Eagle	N	Nissan
6	Cadillac	F	Ford	P	Plymouth
7	GM Canada	G	General	S	Subaru
8	Saturn G Suzuki	T	Lexus	H	Acura
8	Isuzu	T	Toyota	V	Volkswagen
A	Alfa Romeo	J	Jeep	V	Volvo
A	Audi	L	Daewoo	H	Honda
A	Jaguar	L	Lincoln	Z	Ford
Z	Mazda	Y	Mazda		

知识拓展

车辆识别代码的基本要求

（1）每一辆汽车、挂车、摩托车和轻便摩托车都必须有车辆识别代号。

（2）在 30 年内生产的任何车辆的识别码不得相同。

（3）车辆识别代号应尽量位于车辆的前半部分、易于看到且能防止磨损或替换的部位。

（4）9 人座或 9 人座以下的车辆和最大总质量小于或等于 3.5 吨的载货汽车的车辆识别代号应位于仪表板上，在白天日光照射下，观察者不需移动任一部件即可从车外分辨出车辆识别代号。

（5）每辆车的车辆识别代号应表示在车辆部件上（玻璃除外），该部件除修理以外是不可拆的；车辆识别代号也可以表示在永久性地固定在上述车辆部件上的一块标牌上，此标牌不损坏则不能拆掉。如果制造厂愿意，允许在一辆车上同时采取以上两种表示方法。

（6）车辆识别代号的字码在任何情况下都应是字迹清楚、坚固耐用和不易替换的。

（7）车辆识别代号的字码高度：若直接打印在汽车和挂车（车架、车身等部件上），至少应为 7mm 高；其他情况至少应为 4mm 高。

二手车鉴定评估委托书填写注意事项如下。

（1）填写二手车鉴定评估委托书需要评估双方共同签字确认。

（2）所填写内容保证真实。

（3）若为个人车辆委托，需要车主签字；若为公有车辆委托，需加盖单位公章。

（4）二手车鉴定评估委托书中应注明评估时间。

课堂讨论

二手车鉴定评估委托书填写时应注意哪些事项？业务洽谈对于二手车评估有什么作用？

任务三　查验可交易车辆单证

一、检查可交易车辆

1. 可交易车辆的定义

机动车登记证书、行驶证、有效机动车检验合格标志、车辆购置税完税证明、车船使用税缴付凭证、车辆保险单等法定证明、凭证齐全且合法的车辆。

2. 不可交易车辆的类别

不可交易车辆的类别见表 2–3。

表 2–3　不可交易车辆的类别

序号	检查项目	类别
1	已报废或达到国家汽车报废标准的车辆	□是 □否
2	在抵押期间或未经海关批准的海关监管的车辆	□是 □否
3	在人民法院、人民检察院、行政执法等部门依法查封、扣押期间的车辆	□是 □否
4	通过盗窃、抢劫、抢夺、诈骗等违法手段获得的车辆	□是 □否
5	发动机号码、车辆识别代号（VIN 码）与机动车登记证书登记号码不相符，或有锉改迹象的车辆	□是 □否
6	走私、非法拼（组）装的车辆	□是 □否
7	办理必备证件、税费、保险和无有效机动车检验合格标志的车辆，或手续不齐全的车辆	□是 □否
8	在本行政辖区以外的公安机关交通管理部门注册登记的车辆	□是 □否
9	国家法律法规禁止经营的车辆	□是 □否

注：1. 如发现法定证明、凭证不全或表中检查项目任何一项判别为“是”的车辆，应告知委托方，不需继续进行技术鉴定和价值评估（司法机关委托等特殊要求的除外）。

2. 发现法定证明、凭证不全，或者表中第 1 项、4 项至 9 项任意一项判别为“是”的车辆，应及时报告公安机关等执法部门。

二、二手车手续核查

购买二手车时，务必仔细检查相关手续，以确保车辆的合法性和安全性。

1. 《机动车登记证书》

根据《中华人民共和国机动车登记办法》，机动车应当按规定办理登记手续。机动车所有人在申请办理机动车各项登记业务时均需出具机动车登记证书。当登记信息发生变动时，机动车所有人应及时到车辆管理所办理相关手续。当机动车所有权转移时，原机动车所有人应当将机动车登记证书随车交给现机动车所有人。机动车登记证书是有效资产证明，是机动车的“户口本”，也是检验车辆改装的重要依据。

2. 行驶证

行驶证是一种法定文件，它有效地证明了车辆已经顺利通过了我国交通管理部门的严格检验，具备了在公共道路上行驶的法定资格。行驶证上详细记录了车辆的各类重要信息，包括车辆类型、车牌号码、车辆识别代号、发动机号码、注册日期、检验有效期等，这些信息应当与车辆实际情况完全一致，以确保车辆行驶的安全性和合法性。

3. 购置税完税证明

购置税完税证明是车辆所有者按照国家相关法律法规的规定，购买车辆时必须缴纳的车辆购置税已经完成的有效证明。这份证明不仅意味着车辆所有者已经履行了相应的法定义务，同时也是车辆合法上路的重要凭证之一。购置税完税证明上会详细记录车辆购置税的缴纳金额、缴纳日期等相关信息，这些信息对于确保车辆的合法性和规范性具有重要的意义，如图 2–1 所示。

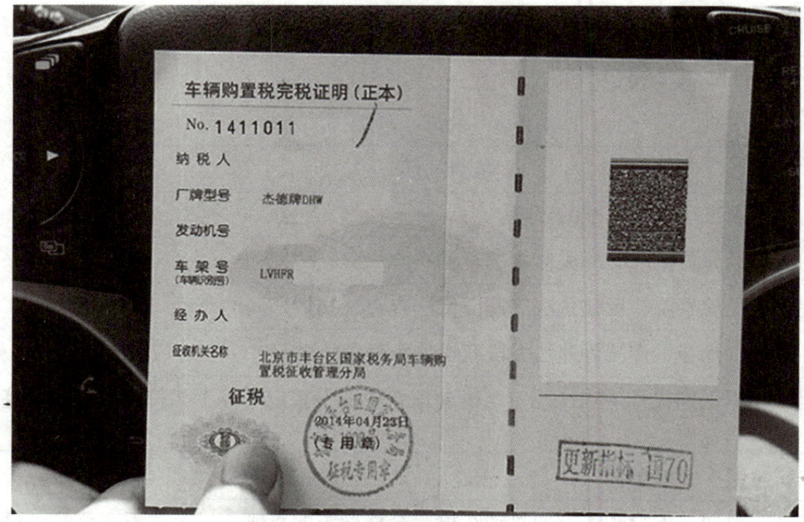

图 2–1 车辆购置税完税证明

4. 购车发票

购车发票是购买车辆时的原始交易凭证，它详细记录了车辆购买的价格、购买日期以及卖方和买方的信息。购车发票不仅是购买车辆的重要凭证，也是车辆价值的重要参考依据。在后续的车辆交易、过户、评估等环节，购车发票都具有重要的参考价值。此外，如果可能的话，还应检查车辆是否有其他的维修或保养记录，这些记录可以作为车辆维护状况的参考。

5. 交强险保险单

交强险保险单是车辆所有者购买了强制性的交通事故责任保险的法律凭证，它证明了车辆已经具备了上路行驶的基本安全保障。交强险，又称机动车交通事故责任强制保险，是我国法律规定必须购买的保险，旨在保障交通事故中受害人的基本赔偿权益，减轻交通事故责任人的经济负担。交强险保险单上会详细记录保险的生效日期、保险期限、保险金额等信息，是车辆上路行驶的必备保险，如图 2-2 所示。

图 2-2　交强险保险单

知识拓展

行驶证的补办

1. 机动车号牌、行驶证灭失、丢失或者损毁的，机动车所有人应当向登记地车辆管理所申请补领、换领。申请时，机动车所有人应当填写申请表并提交身份证明。

2. 车辆管理所应当审查提交的证明、凭证，收回未灭失、丢失或者损毁的号牌、行驶证，自受理之日起一日内补发、换发行驶证，自受理之日起十五日内补发、换发号牌，原机动车号牌号码不变。

3. 补发、换发号牌期间应当核发有效期不超过十五日的临时行驶车号牌。带上身份证，到年检机构去申请补办，一般用时两周。可先去车辆登记机关申请挂失，挂失一周后才可办理补办手续，需要身份证、驾驶证、购车发票、完税证和车辆等资料。凭登报证凭证、居民身份证到车管所申请。

任务四　使用二手车鉴定评估设备

一、汽车解码器

汽车解码器又称为汽车故障诊断仪，是一种便携式智能化的汽车故障自检查仪器，主要用于检查汽车可能存在的故障，读取动态数据流，对电器元件和控制单元进行测试。

1. 汽车解码器的工作原理及主要功能

汽车解码器通过连接线与电脑数据检查接口连接，实现与各类电控系统控制单元之间的数据交流，判断所检查到的电子控制单元（electronic control unit，ECU）输入电压和输出电压数值是否在固定范围内变化，从而确定各个电子控制单元的传感器、执行器和 ECU 是否正常工作。当某一 ECU 的电路出现问题时，相应的传感器会将电路故障信息传输给 ECU，并将故障码存储在 ECU 的存储器中，通过解码器，检查人员能迅速读出故障码，并及时处理和维修。

汽车解码器的主要功能包括以下方面。

（1）通过 CAN、LIN 通信模块可以实现与车辆内各 ECU 之间的对话，传送故障码及发动机的状态信息。

（2）通过单片机的同步 / 异步收发器与 PC 机进行串行通信以完成数据交换、下载程序及解码器升级等功能。

（3）通过液晶显示器来显示汽车运行的状态数据及故障信息。

（4）通过键盘电路来执行不同的诊断功能。

（5）通过一种具有串行接口的大容量 FLASH 存储器来保存大量的故障码及其测量数据。

2. 汽车解码器的分类

根据解码器的功能和使用范围不同，可将其分为通用型解码器、专用型解码器和单系统专用型解码器三类。

（1）通用型解码器

通用型解码器可以对常见车型的电气系统故障进行检查和诊断，这类解码器价格相对较低，能够读取故障码和故障流。常见品牌如元征 X–431、博士 KTS、金德 KT670 等，如图 2–3 所示。

（2）专用型解码器

专用型解码器只能对某一车系的电控系统故障进行诊断和检查，售价相对较高，有交流诊断功能。

（3）单系统专用型解码器

单系统专用型解码器主要针对常见车型的一种或几种 ECU 的常见故障进行诊断和检查。

图 2-3　通用型解码器

3. 汽车解码器的操作流程

（1）安装车轮挡块和举升机垫块，如图 2-4 所示。

（2）打开车门，安装座椅套、转向盘套、地板垫、变速杆套——车内四件套，如图 2-5 所示。

图 2-4　车轮挡块

图 2-5　安装车内四件套

（3）检查变速杆位于“P”位，驻车制动器处于制动状态。

（4）打开发动机舱盖，安装翼子板布、进气格栅保护罩。

（5）检查发动机油、冷却液和制动液量，用万用表检查蓄电池电压，确保电池电量充足。

（6）起动发动机，确定车辆故障现象及仪表指示情况。

（7）点火开关处于“OFF”位，将解码器的诊断插头插入车载 OBD 接口中。

（8）解码器安装完成后，打开解码器开关，进入汽车诊断主界面；在车型选择界面单击选择相应车型和系统，如图 2-6 所示。

（9）将点火开关打开至“ON”位。

（10）选择功能，读取故障码，读取后清除故障码，读取数据流。

（11）检查结束后关闭发动机并拆下解码器。

（12）拆卸车内四件套和车外三件套，关闭发动机舱盖和车门，去除车轮挡块和举升机垫块。

（13）清理工具并清洁工作场地。

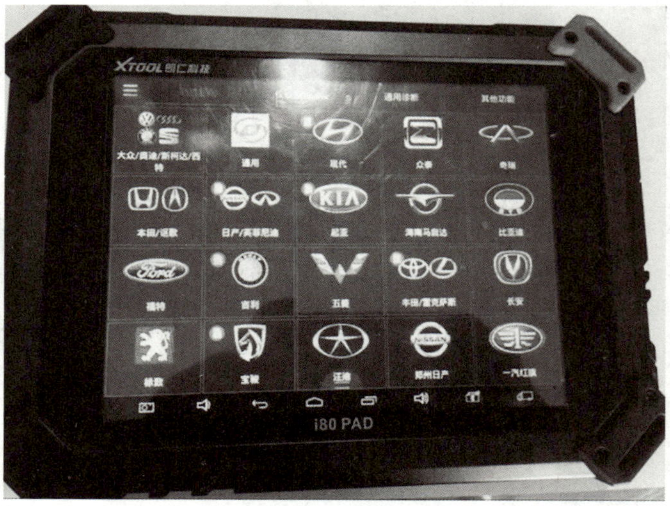

图 2-6　车型选择界面

二、漆面测量仪

漆面测量仪是一种测量金属物体上非磁性涂层或非导电涂层厚度的无损检查设备，如图 2-7 所示。二手车漆面测量仪主要是测量车体表面油漆、腻子等涂层厚度，并与《中华人民共和国汽车行业标准汽车油漆涂层》（QC/T 484—1999）中所提供的数据进行比较，明确车身表面是否存在重新刮腻子、喷漆的现象。

1. 磁性漆面测量仪的工作原理

在位于漆面测量仪表面的探头会产生闭合的磁回路。当探头与金属表面之间的距离发生变化时，回路中的电阻及电感数值会发生变化。利用数据的变化判断探头和金属表面之间的腻子、漆面厚度变化。

2. 漆面测量仪的使用流程

（1）在使用漆面测量仪前，需要保证电池电量充足，并对仪器校零。

（2）校零后将测量仪探头垂直放置于被测漆面上，并用手轻轻按压。

（3）在听到测量仪发出响声后，拿起测量仪读取数据，如图 2-8 所示。

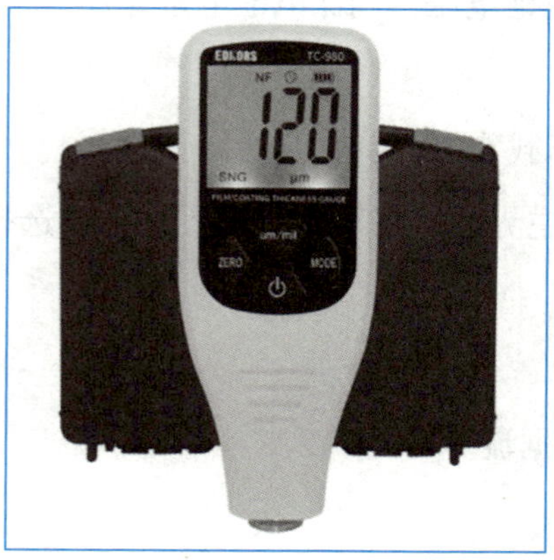

图 2-7　漆面测量仪

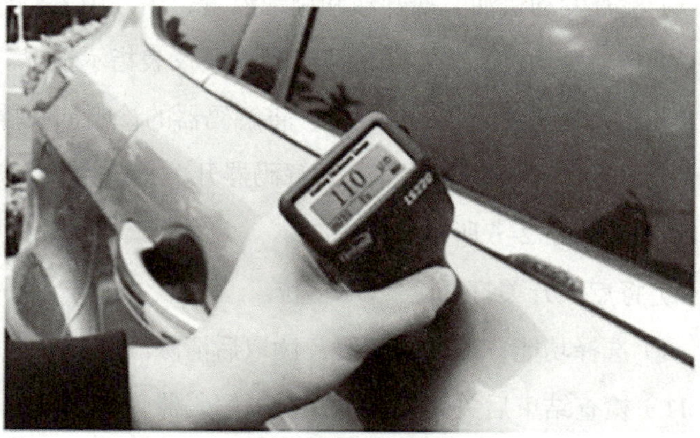

图 2-8　读取数据

三、轮胎胎纹尺

轮胎胎纹尺主要用于测量轮胎花纹深度，通过花纹深度测量值，鉴定评估师可以判断轮胎花纹磨损状况，并结合轮胎生产日期确定车辆使用强度。同时出于安全考虑，当测量值不符合安全规定时，就要及时更换轮胎。轮胎胎纹尺的基本结构主要由主尺、主尺探头、测量基准面、调节螺钉、数值显示屏和操纵按钮组成，如图 2–9 所示。

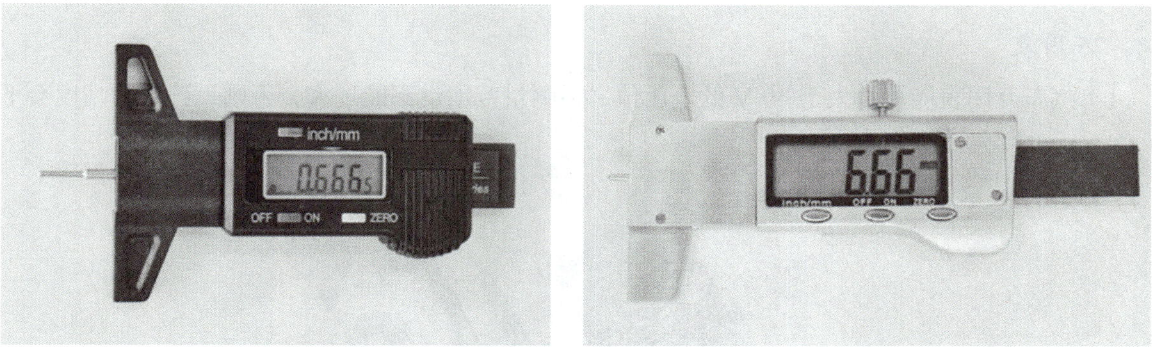

（a）　　　　　　（b）

图 2–9　轮胎胎纹尺的基本结构

1. 轮胎胎纹尺数据读取方法

对于机械式轮胎胎纹尺，需要鉴定评估师人工读取测量数据，如图 2–10 所示。

轮胎胎纹尺的度数由主尺度数和副尺度数共同组成。主尺最小刻度值为 1 mm。测量前需要校零，保证主尺和副尺的“0”刻线对齐，若没有对齐，可调节螺钉。在测量胎纹深度时，测量面垂直放置于花纹表面，主尺相对副尺向左移动，带动主尺探头一起向左移动，直至探头最前端与花纹内侧接触，如图 2–11 所示。读出此时副尺所显示的数值：测量值 + 估读值，即为胎纹深度。

电子轮胎胎纹尺的工作原理与机械式轮胎胎纹尺相似，只需要通过屏幕读出显示数值，即为花纹深度。

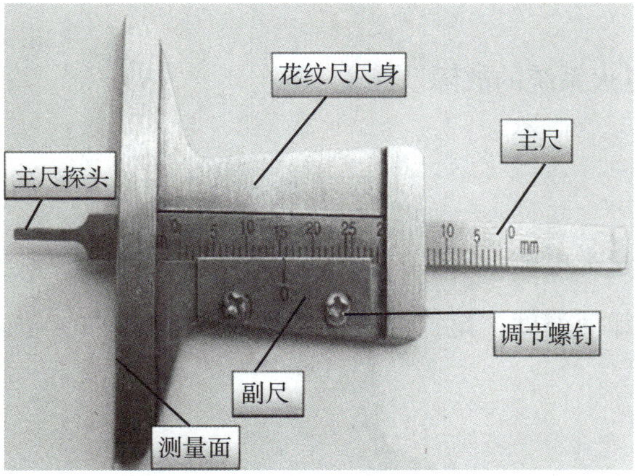

图 2–10　机械式轮胎胎纹尺

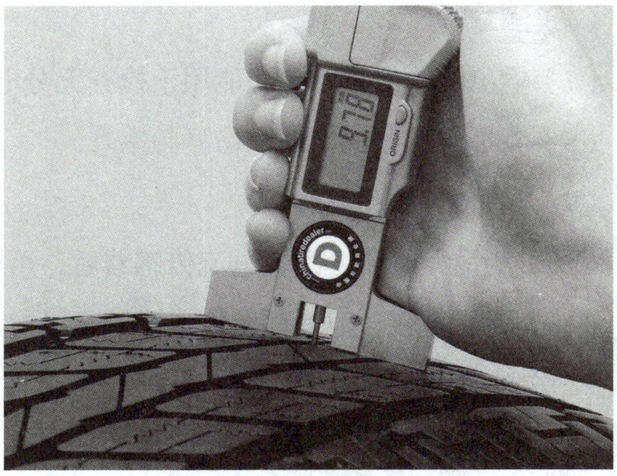

图 2–11　轮胎胎纹尺测量示意图

2. 使用注意事项

（1）测量轮胎胎纹深度时，选择主花纹沟进行测量。

（2）在测量时，要保证主尺与胎面垂直。

（3）主尺探头应避开花纹沟内磨损较严重的部位进行测量。

万用表

四、汽车万用表

1. 万用表

（1）汽车万用表能测量大于 40 V 的电压值，但测量范围也不能过大，否则，读数的精度会下降，如图 2–12 所示。

图 2–12　汽车万用表

（2）测量电阻。

（3）测量电流。汽车万用表能测量大于 10 A 的电流。

（4）记忆最大值和最小值。该功能用于检查某电路的瞬间故障。

（5）测量脉冲波形的频宽比和点火线圈一次侧电流的闭合角。该功能用于检查喷油器、怠速稳定控制阀、EGR 电磁阀及点火系统等的工作状况。

（6）测量转速。

（7）输出脉冲信号。该功能用于检查无分电器点火系统的故障。

（8）测量传感器输出的电信号频率。

（9）测量二极管的性能。

（10）测量大电流。配置电流传感器后，可以测量大电流。

（11）测量温度。配置温度传感器后可以检查冷却液温度、尾气温度和进气温度等。

2. 万用表的功能

（1）测试项目

选择开关置于频率挡，黑线（自汽车万用表搭铁座孔引出）搭铁，红线（自汽车万用表公用座孔引出）接被测信号线，显示屏即显示被测频率。

（2）温度的检查

选择开关置于温度挡，按下功能按钮（℃ / ℉），将黑线搭铁，探针线插头端插入汽车万用表温度测量座孔，探针端接触被测物体，显示屏即显示被测温度。

（3）点火线圈一次侧电路闭合角的检查

选择开关置于闭合角挡，黑线搭铁，红线接点火线圈负极接线柱，发动机运转，显示屏即显示点火线圈一次侧电路闭合角。

（4）频宽比的测量

选择开关置于频宽比挡，红线接电路信号，黑线搭铁，发动机运转，显示屏即显示脉冲信号的频宽比。

（5）转速测量

选择开关置于转速（RPM）挡，转速测量专用插头插入搭铁座孔与公用座孔中，感应式转速传感器（汽车万用表附件）夹在某一缸高压点火线上，在发动机工作时，显示屏即显示发动机转速。

（6）起动机起动电流的测量

选择开关置于 400 mV 挡（1 mV 相当于 1 A 的电流，即用测量电流传感器电压的方法来测量起动机起动电流），把霍尔式电流传感器连接到蓄电池线上，其引线插头插入电流测量座孔，按下最小 / 最大功能按钮，然后拆下点火高压线，用起动机转动曲轴 2 ~ 3 s，显示屏即显示起动电流。

（7）氧传感器的测试

拆下氧传感器线束插接器，将选择开关置于“4 V”挡，按下 DC 功能按钮，使显示屏显示“DC”，再按下最小 / 最大功能按钮，将黑线搭铁，红线与氧传感器相连；然后以快怠速（2 000 r/min）运转发动机，使氧传感器工作温度达 360 ℃以上。此时，如混合气浓，氧传感器输出电压约为 0. 8 V；如混合气稀，氧传感器输出电压为 0.1 ~ 0.2 V。当氧传感器工作温度低于 360 ℃时（发动机处于开环工作状态），氧传感器无电压输出。

（8）喷油器喷油脉冲宽度的测量

选择开关置于频宽比挡，测出喷油器工作脉冲频率的频宽比后，再把测试项目选择开关置于频率挡，测出喷油器工作脉冲频率（Hz），然后按下式计算喷油器喷油脉冲宽度为

$$S_p=\eta / f_p$$

式中　S_p——喷油脉冲宽度 /ms；

η——频宽比（%）；

f_p——喷油频率 /Hz。

五、发动机听诊器

发动机听诊器，由一圆形音腔、一圆形震动片、一探针、一段胶管和一普通医用听诊器组成；其中震动片水平地固定在音腔中，探针经过音腔底部中心处的小孔而被垂直地固定，其上端与震动片接触，音腔上盖出音口上接一胶管，后者接到普通的医用听诊器上，如图 2-13 所示。发动机听诊器能快速锁

定引擎异样噪声源，通过追踪水、油、气及蒸汽流动声音，专业的二手车评估师可以通过这些声音判断车辆是否存在异常。

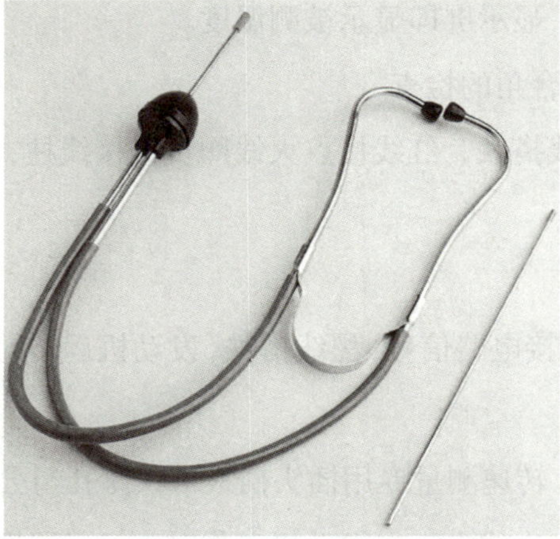

图 2–13　发动机听诊器

六、烟度计

烟度计是用来测量压燃式发动机或装有压燃式发动机汽车排放可见污染物的仪器。它的测量原理是，用一定光通量的入射光通过一段特定长度的被测烟柱，用光接收器上所接收到的透射光的强弱来评定排放可见污染物的程度。烟度计一般由取样探头、测量部件、控制系统和显示仪表等部分组成，如图 2–14 所示。

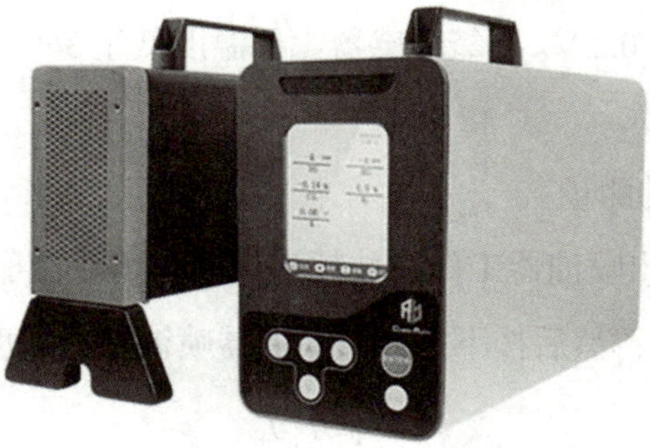

图 2–14　烟度计

七、举升机

汽车举升机是指用于汽车的举升设备。二手车评估师可以利用举升机查看车辆底盘。在使用前要认真阅读举升机的使用说明和基本原理，注意安全规范的操作，以免引发安全事故，如图 2–15 所示。

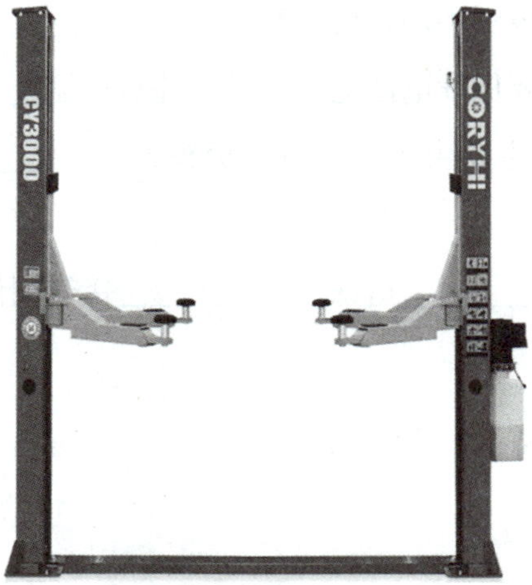

图 2-15　双柱举升机

思政之窗

在实践过程中，学生应当以真诚的态度运用案例计算方法，确保结果的准确无误，并坚决遵循适用的原则。通过这种方式，旨在提高学生的问题解决能力和灵活变通思维，培养其规范意识和团结协作精神，以及吃苦耐劳的优秀品质。同时，老师还需引导学生热爱科学、坚持实事求是的学风，鼓励学生积极探索、开拓进取、勇于创新，并具备自主创业的能力。

课后习题

一、选择题

1. 中国地理区域代号为（　　）。

A. S　　B. L　　C. T　　D. V

2. 车辆识别代号共（　　）位，由数字和字母组成。

A.14　　B.12　　C. 17　　D. 15

3. 补发、换发号牌期间应当核发有效期不超过（　　）的临时行驶车号牌。

A. 十日　　B. 十二日　　C. 十六日　　D. 十五日

4. 自动变速器的前进挡用字母（　　）表示。

A.D　　B.P　　C.N　　D.R

5. 当氧传感器工作温度低于（　　）时（发动机处于开环工作状态），氧传感器无电压输出。

A.360 ℃　　B.300 ℃　　C.320 ℃　　D.380 ℃

二、填空题

1. ________是指将借款人的车辆作为抵押物，向银行或汽车消费贷款公司取得贷款的行为。

2．根据解码器的功能和使用范围不同，可将其分为________、________和________三类。

3．在使用漆面测量仪前，需要保证电池电量充足，并对仪器________。

4．轮胎胎纹尺的基本结构，主要由主尺、主尺探头、________、________、________和操纵按钮组成。

5．选择开关置于频率挡，________搭铁，________接被测信号线，显示屏即显示被测频率。

项目三

二手车静态技术鉴定

项目概述

随着汽车行驶里程的增加，汽车的技术状况将逐渐变坏，致使汽车的动力性下降、经济性变坏、使用方便性下降、行驶安全性和使用可靠性变差，直至最后达到使用极限。

静态检查是指在二手车静态状态下，检查人员凭借技能和经验，辅以简单的工具 / 量具，对二手车技术状况进行检查。本项目介绍二手车的静态技术鉴定，包含以下两个任务。

任务一：检查核对证件。

任务二：二手车技术状况的静态检查。

通过以上两个任务的学习，帮助读者学会正确核对证件，掌握对二手车各技术状况进行静态检查。

学习目标

知识目标

◆ 了解《二手车鉴定评估作业表》包含的内容、填写要点及填写注意事项。

◆ 掌握五种缺陷状态，准确判断实车情况。

◆ 准确地判断发动机舱盖表面是否做过喷漆或钣金，发动机舱盖锁及液压杆是否能正常使用。

◆ 熟悉二手车底盘检查要点和内容。

◆ 能鉴别发动机、变速器是否有拆卸，线束与油管是否有渗漏或破损。

能力目标

◆ 能够正确查询二手车维修保养记录。

◆ 可以对二手车的技术状况进行检查。

素质目标

◆ 培养学生分析事物的能力。

◆ 培养学生的探索精神和求知欲。

思政目标

◆ 通过学习课程内容，不仅要使学生能够深入理解和掌握专业知识，更重要的是要提升学生的法治意识和法治素养，坚定树立有法必依、执法必严的法治信念，确保学生在未来的学习和工作中能够自觉遵守法律法规，维护社会公平正义，为推动社会主义法治建设贡献自己的力量。

任务工单

检查车辆底盘

学院		专业	
姓名		学号	

一、接受工作任务

依据车辆静态检查作业内容，现在需二手车鉴定评估师小李对车辆进行车辆底盘检查。

二、信息收集

（1）在检查车辆底盘时，需要对底盘的哪些部位进行检查？

____

____

（2）看图指出车辆检查部件名称及情况。

① 传动轴 	文字描述：______________________________ ______________________________
② 车身底部 	文字描述：______________________________ ______________________________
③ 后悬架 	文字描述：______________________________ ______________________________

（续表 1）

④ 转向机构 	文字描述：________________ ________________

三、制订计划

根据车辆底盘的检查要点，制订底盘检查的工作计划。

____

四、计划实施

请完成车辆底盘检查作业，并记录信息（车辆底盘检查部分内容可在二手车鉴定评估仿真实训系统中进行）。

	检查项目及结果	
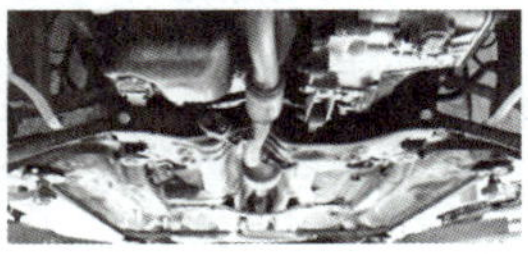	底盘漏液	冷却液泄漏：□是 □否 制动液泄漏：□是 □否 结果描述：________________
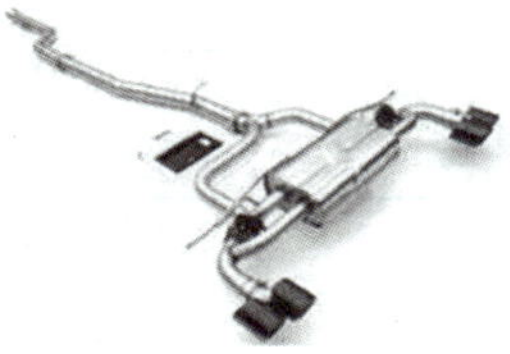	排气系统	吊钩是否在原来位置：□是 □否 吊钩是否损坏：□是 □否 排气管是否更换：□是 □否 排气泄漏：□是 □否 结果描述：________________
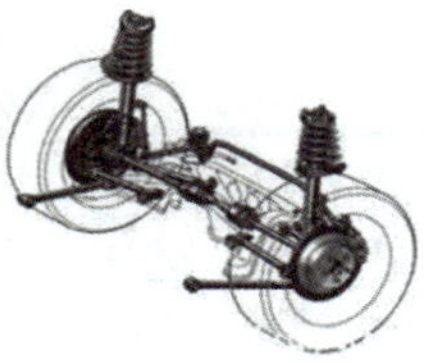	横向稳定杆	横向稳定杆：□裂纹 □橡胶衬损坏 □松旷 □正常 结果描述：________________
	转向机构	部件配合情况：□缺少润滑 □正常 转向轴：□弯曲 □凹瘪 □正常 动力转向系统：□松动 □正常 转向助力油泄漏：□是 □否 结果描述：________________
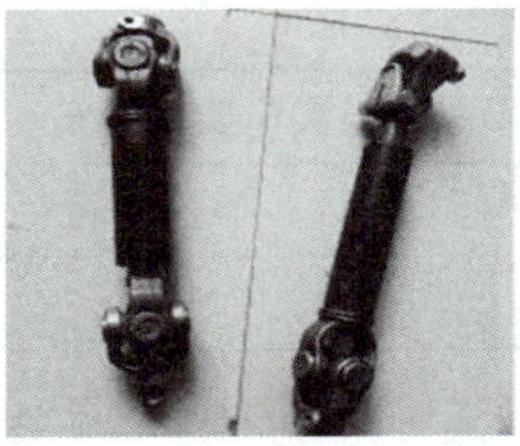	传动轴	传动轴、中间轴及万向节：□裂纹 □松动 □正常 传动轴：□弯曲 □凹陷 □正常 万向节：□磨损 □松旷 □正常 万向节凸缘盘连接螺栓：□松动 □正常 万向节胶套：□裂纹 □擦伤 □正常 结果描述：________________
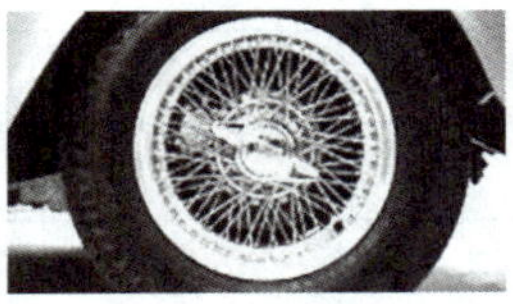	车轮	车轮轮毂轴承：□松旷 □正常 轮胎：□磨损 □正常 轮胎花纹磨损深度：________________ 结果描述：________________

（续表 2）

	发动机油底壳	发动机油底壳泄漏：□是 □否 结果描述：________
	变速器	变速器泄漏：□是 □否 结果描述：________
	转向节壁球销	转向节壁球销松动：□是 □否 结果描述：________
	三角壁球销	三角壁球销松动：□是 □否 结果描述：________
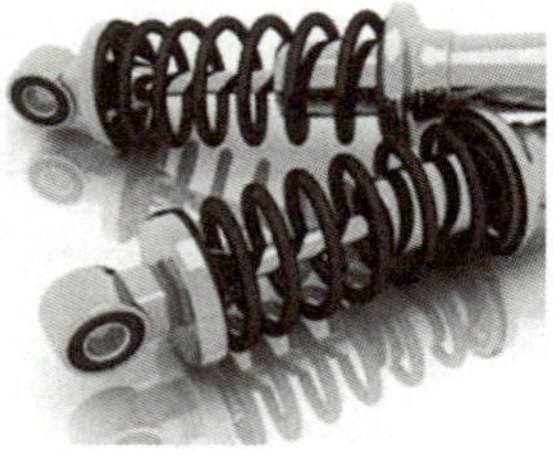	减震器	减震器：□漏油 □松动 □磨损 □正常 减震器油泄漏：□是 □否 结果描述：________
	减震弹簧	减震弹簧：□裂纹 □断片 □碎片 □新旧程度不同 □松旷 □疲劳失效 □变形损坏 □正常 结果描述：________ ________

五、质量检查

请实训指导教师检查作业结果。

序号	检查项目	检查结果是否与实车实际相符	
1	底盘漏液情况	相符	不相符
2	排气管		
3	排气吊钩		
4	横向稳定杆		
5	转向机构		
6	动力转向系统		
7	转向节壁球销		

（续表 3）

序号	检查项目	检查结果是否与实车实际相符	
8	传动轴		
9	万向节		
10	车轮		
11	发动机油底壳		
12	变速器		
13	三角壁球销		
14	减震器		
15	减震弹簧		

六、评价反馈

请根据学生在本次任务中的实际表现进行评价。

序号	评分标准	评分分值	得分
1	明确工作任务，理解任务在企业工作中的重要程度	5	
2	掌握工作相关知识及检查要点	5	
3	掌握二手车底盘检查操作流程及要点	20	
4	能够对二手车底盘进行检查	35	
5	能够判断底盘常见故障	35	
合计（总分 100 分）			

任务一　检查核对证件

一、二手车的法定证件

二手车的法定证件主要有机动车来历证明、机动车行驶证、机动车登记证书、机动车号牌、道路运输经营许可证（以下简称“道路运输证”）和机动车检验合格标志等。

1. 机动车来历证明

在国内购买的机动车，来历证明可分为新车来历证明和二手车来历证明。在国外购买的机动车，其来历证明是该车销售单位开具的销售发票及其翻译文本。

（1）新车来历证明

新车来历证明是指经国家工商行政管理机关验证（加盖工商验证章）的机动车销售发票（即原始购

车发票）（图 3–1）。通常在购买新车时，可在当地的工商行政管理局机动车市场管理分局办理工商验证手续。

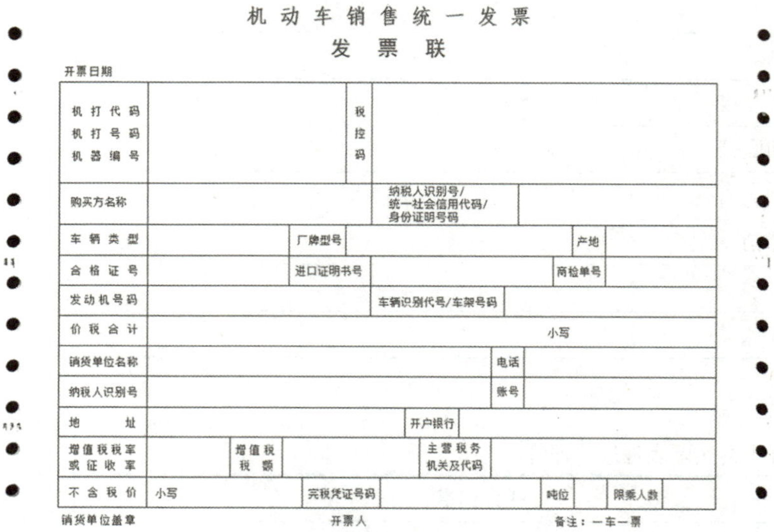
机动车销售统一发票
发票联
开票日期
机打代码
机打号码
机器编号
税控码
购买方名称
纳税人识别号/统一社会信用代码/身份证明号码
车辆类型 | 厂牌型号 | 产地
合格证号 | 进口证明书号 | 商检单号
发动机号码 | 车辆识别代号/车架号码
价税合计 | 小写
销货单位名称 | 电话
纳税人识别号 | 账号
地址 | 开户银行
增值税税率或征收率 | 增值税税额 | 主管税务机关及代码
不含税价 小写 | 完税凭证号码 | 吨位 | 限乘人数
销货单位盖章　开票人　备注：一车一票

图 3–1　机动车销售发票

（2）二手车来历证明

二手车来历证明是指经国家工商行政管理机关验证（加盖工商验证章）的二手车交易发票（图 3–2）。二手车交易发票反映了即将交易的车辆曾是一辆已经交易过的合法使用的二手车。

2005 年 10 月，《二手车流通管理办法》颁布施行，全国统一了二手车销售发票，目前国内大部分地区都使用了新版的“二手车销售统一发票”。而在统一发票之前，各地的旧车交易发票样式繁多，这造成了管理上的难度。

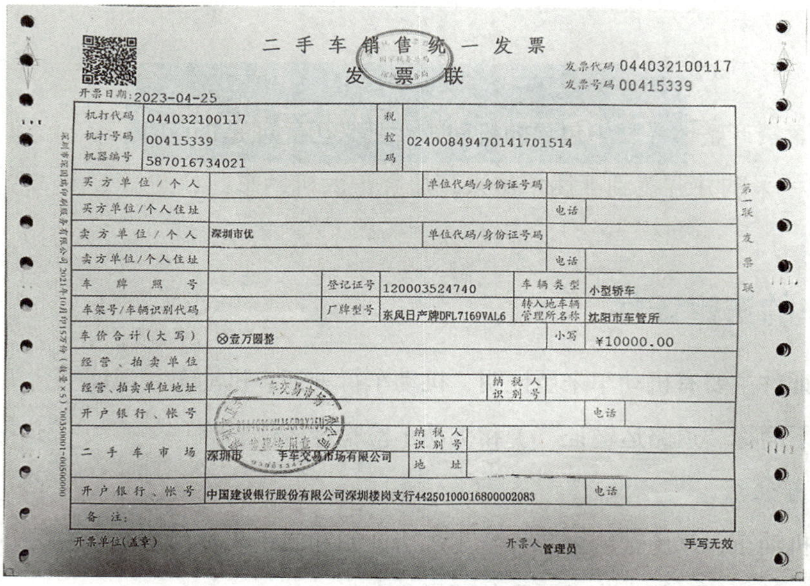
二手车销售统一发票
发票联
发票代码 044032100117
发票号码 00415339
开票日期：2023-04-25
机打代码 044032100117
机打号码 00415339
机器编号 587016734021
税控码 02400849470141701514
买方单位/个人 | 单位代码/身份证号码
买方单位/个人住址 | 电话
卖方单位/个人 深圳市优 | 单位代码/身份证号码
卖方单位/个人住址 | 电话
车牌照号 | 登记证号 120003524740 | 车辆类型 小型轿车
车架号/车辆识别代码 | 厂牌型号 东风日产牌DFL7169VAL6 | 转入地车辆管理所名称 沈阳市车管所
车价合计（大写）⊗壹万圆整 | 小写 ¥10000.00
经营、拍卖单位
经营、拍卖单位地址 | 纳税人识别号
开户银行、帐号 | 电话
二手车市场 深圳市　手车交易市场有限公司 | 纳税人识别号 | 地址
开户银行、帐号 中国建设银行股份有限公司深圳楼岗支行44250100016800002083 | 电话
备注：
开票单位(盖章)　开票人 管理员　手写无效
第二联 发票联

图 3–2　二手车交易发票

（3）其他机动车来历证明

① 在国外购买机动车的来历证明。

② 人民法院调解、裁定或者判决转移的机动车，其来历凭证是人民法院出具的已经生效的调解书、裁定书或者判决书，以及相应的协助执行通知书。

③ 仲裁机构仲裁裁决转移的机动车，其来历凭证是仲裁裁决书和人民法院出具的协助执行通知书。

④ 继承、赠予、中奖和协议抵偿债务的机动车，其来历凭证是继承、赠予、中奖和协议抵偿债务的相关文书和公证机关出具的公证书（图 3-3）。

公　证　书

（2016）

申请人：　一九八七年七月二十一日出生，公民身份号码：

关系人：　男，一九六三年二月十七日出生，公民身份号码：

女，一九六三年九月十五日出生，公民身份号码：

公证事项：亲属关系

兹证明

中华人民共和国

公证员

图 3-3　公证机关出具的公证书（样例）

⑤ 资产重组或者资产整体买卖中包含的机动车，其来历凭证是资产主管部门的批准文件。

⑥ 国家机关统一采购并调拨到下属单位未注册登记的机动车，其来历凭证是全国统一的机动车销售发票和该部门出具的调拨证明。

⑦ 国家机关已注册登记并调拨到下属单位的机动车，其来历凭证是该部门出具的调拨证明。

⑧ 经公安机关破案发还的被盗抢且已向原机动车所有人理赔完毕的机动车，其来历凭证是保险公司出具的“权益转让证明书”。

⑨ 更换发动机、车身、车架的来历凭证，是销售单位开具的发票或者修理单位开具的发票。

通过核查车辆来历证明可以及时发现该车是否合法、是否为涉案车辆。同时，登录公安机关交通管理部门“全国被盗抢汽车查询系统”，可以确认车辆是否为非盗抢车。杜绝盗抢车、走私车、拼装车和报废车的非法交易，避免二手车交易市场成为非法车辆销赃的场所，切实维护消费者的合法权益。二手车评估机构应拥有各类机动车来历证明样本，以便评估师进行对比鉴别。

2. 机动车行驶证

机动车行驶证是由公安机关交通管理部门依法对车辆进行注册登记核发的证件。它是机动车取得合法行驶权的凭证。《中华人民共和国道路交通安全法》第十一条规定，机动车行驶证是车辆上路行驶必须携带的证件。在二手车鉴定评估的手续检查中，机动车行驶证也是检查二手车合法性的凭证之一。新版的机动车行驶证上标注有机动车的重要信息，如图 3–4 所示。

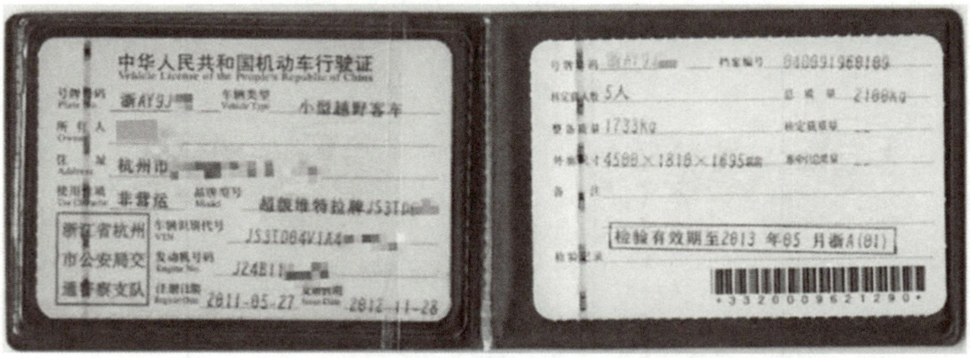

图 3–4　新版机动车行驶证

通过查验机动车行驶证上的号牌号码、车辆识别代号、发动机号、车架号与车辆实物是否一致，是否有改动、凿痕、锉痕、重新打刻等情况，车辆颜色与车身装置是否与行驶证一致等项目，可以初步判断二手车是否合法。

国家对行驶证制作也有统一规定。如图 3–5 所示，为了防止伪造行驶证，行驶证塑封套上有用紫外线灯可识别的不规则的与行驶证卡片上图形相同的暗记，并且行驶证上按要求粘贴车辆彩色照片。因此机动车行驶证最好的识伪方法就是查看识伪标记；查看车辆彩照与实物是否相符。将被查行驶证上的印刷字体字号、纸质、印刷质量与车辆管理机关核发的行驶证式样进行比较认定，一般来说，伪造行驶证纸质差，印刷模糊。

图 3–5　行驶证防伪识别

3. 机动车登记证书

机动车登记证书是由公安机关交通管理部门核发和管理的，是机动车的“户口本”和所有权证明，具有产权证明的性质。机动车登记证书俗称“绿皮本”，其封皮式样如图 3–6 所示。所有机动车的详细信息及机动车所有人的资料都记载在上面。当证书上所记载的原始信息发生变动时，机动车所有人应当及时到车辆管理所办理变更登记；当机动车所有权转移时，原机动车所有人应当在机动车登记证书做变更登记后随车交给现机动车所有人。因此，机动车登记证书是机动车从“生”到“死”的完整记录。

机动车登记证书（图 3–7）是二手车鉴定评估师必须认真查验的证件。机动车登记证书与机动车行驶证相比内容更详细，一些评估参数必须从机动车登记证书获取，如使用性质、国产、进口等。核查时，首先要对比判断真伪，如发现登记证书为伪造的，应报告公安机关。其次要确认登记证上记录的有关车辆的信息与被评估车辆是否完全一致。若不一致，则要求车主解决此事，并提示车主此车不能进行交易。另外，还要核查登记证上的车主信息。

图 3–6　机动车登记证书封皮样式

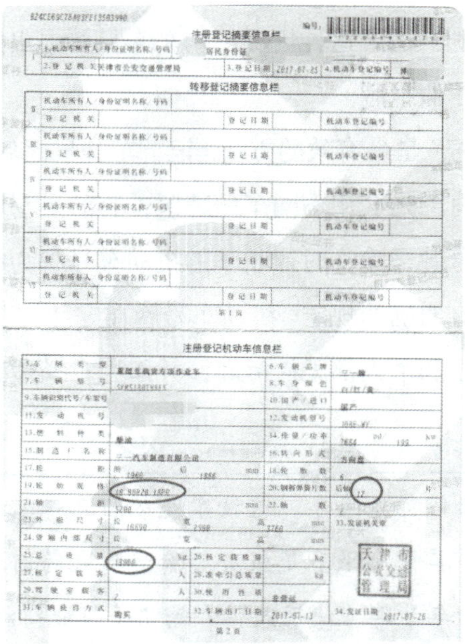

图 3–7　机动车登记证书包含信息

提示：2002 年之前购买的汽车大部分都没有登记证书，在车辆交易的时候需要先到车辆管理部门补办。补办登记证书时需携带机动车所有人的身份证明和交验车辆，按相关要求补办。

4. 机动车号牌

机动车号牌是由公安局车辆管理机关依法对机动车进行注册登记核发的号牌。它和机动车行驶证一同核发，其号码与行驶证一致，是机动车取得合法行驶权的标志。

《中华人民共和国道路交通安全法》第十一条规定，机动车号牌应当按照规定悬挂并保持清晰、完整，不得故意遮挡、污损。目前，我国规定机动车号牌必须按《中华人民共和国机动车号牌》（GA36—2018）标准制作。

机动车号牌真假的判别可采用“望、摸、问、查”四种方法，具体内容如下。

（1）“望”是观察车牌外形，从形、色、定的角度进行基本判断。如图 3–8 所示，正规的机动车号牌经过高科技处理，并采用一次成型技术，视觉感受很好。而伪造“套牌”在正常阳光下存在偏红或偏黄的色差，以及字体较窄等现象。

图 3-8　正规的机动车号牌

（2）“摸”是用手触摸车牌，尤其是看周边棱角处是否光滑，这是判断一辆车是否存在“套牌”的重要标志。由于并非一次性成型，“套牌”上的字体边缘会有棱角，即使打磨过也难以掩盖痕迹。拆下车牌，其背面会有敲打过的痕迹。

（3）“问”是判断“套牌”的重要方法。目前二手车市场上一些不良中间商经常把二手车的车牌卖掉，从中牟取暴利。遇上这种情况，购车人只要提出能否过户，不良中间商一般会承诺“包车检”，这就意味着可能用了假号牌。

（4）“查”是最有效的方法。记下车牌号码后，到车辆管理部门上网查询车辆登记档案。挪用牌照的“套牌”车有的是套用不同车型牌照，有的是套用同种车型牌照，有的还涂改车架号和相关标志。

机动车号牌，除临时行驶车的机动车号牌为纸质外，其余均为铝质反光材质。机动车号牌上字的尺寸大小也都有明确的规定。机动车号牌在安装方面设有固封装置，并规定该装置由发牌机关统一负责装、换，任何单位和个人都无权拆卸，并作为车辆检验的一项内容。

知识拓展

套牌车俗称克隆车。这种车是参照真牌车的型号和颜色，将号码相同的假牌套在同样型号和颜色的车上，其中有很多是报废后偷运出来的旧车翻新的。使用伪造、变造的机动车号牌、使用其他车辆的机动车号牌、使用欺骗、贿赂手段取得机动车号牌的机动车均可以称为套牌车。

《中华人民共和国交通法》中有明确规定，不允许套牌车辆的流动。《道路交通安全法》第九十六条有如下规定。

伪造、变造或者使用伪造、变造的机动车登记证书、号牌、行驶证、驾驶证的，由公安机关交通管理部门予以收缴，扣留该机动车，处十五日以下拘留，并处二千元以上五千元以下罚款；构成犯罪的，依法追究刑事责任。

伪造、变造或者使用伪造、变造的检验合格标志、保险标志的，由公安机关交通管理部门予以收缴，扣留该机动车，处十日以下拘留，并处一千元以上三千元以下罚款；构成犯罪的，依法追究刑事责任。

二、核查车辆的相关证书标志

1．道路运输证

道路运输证是县级以上人民政府交通主管部门设置的道路运输管理机构对从事旅客运输（包括城市

出租客运）、货物运输的单位和个人核发的随车携带证件，如图 3-9 所示。营运车辆转籍过户时，应到运管机构及相关部门办理营运过户有关手续。道路运输证只有运营车辆才有，非运营车辆没有此证。运营车辆必须有道路运输证，运输证上记录的信息应与被评估车辆一致。

2. 机动车检验合格标志

机动车必须进行安全技术检验，检验合格后，公安机关发放合格标志。根据《中华人民共和国道路交通安全法实施条例》第十三条的规定，机动车检验合格标志应贴在机动车前风窗玻璃右上角，如图 3-10 所示。

中华人民共和国
道路运输经营许可证
业户名称 淄博鑫亚工贸有限责任公司　地址 淄博市临淄区乙烯路200号
经营范围 普通货运

图 3-9　道路运输证

图 3-10　机动车检验合格标志

3. 营运车辆综合性能检测合格标志

凡在我国境内从事客、货运输的车辆，每年必须经汽车综合性能检测站检测，检测合格后由道路运输管理部门核发“综合性能检测合格”标志，并要求粘贴于前风窗玻璃右上角。

4. 机动车环保检验合格标志

机动车必须进行环保技术检验，检验合格后，由环保部门核发合格标志，并粘贴在机动车前风窗玻璃右上角。汽车环保标志是国家发放的机动车排放标准的分级标志，有黄色和绿色两大类（图 3-11），按照车型和排放标准进行审核，然后发放，是为了进行节能减排检查和汽车定期环保检查的需要。

自 2017 年 1 月 1 日起，环保部门不再核发机动车环保检验合格标志，不再使用“黄绿标”。

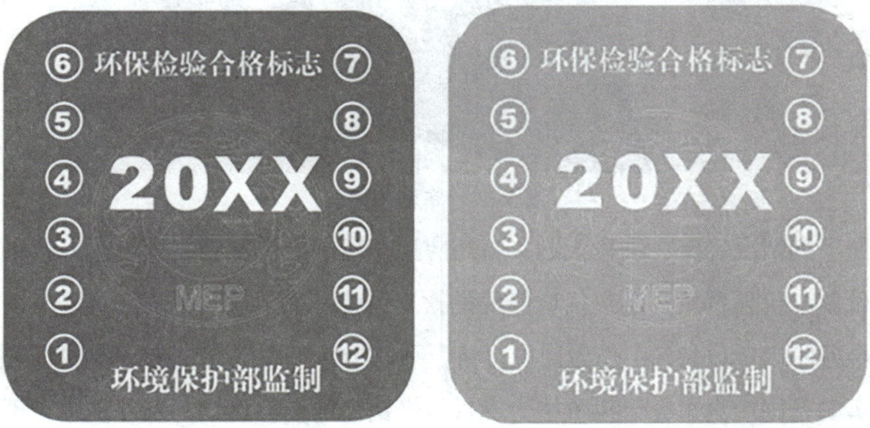

（a）绿色环保标志　　（b）黄色环保标志

图 3-11　机动车环保检验合格标志

三、核查车主基本信息

按照机动车行驶证登记信息及委托人的身份证，核查车主基本信息，包括以下两点。

（1）了解机动车行驶证登记所有人与委托人的身份证是否一致，判断委托者是否是原车主，因为只有原车主才有车辆处置权，否则，是没有车辆处置权的。

（2）对于单位车辆，应进一步了解单位名称及隶属关系，核查组织机构代码证和经办人身份证复印件（必须在有效期内）。

四、二手车各种税费单据

根据《二手车流通管理办法》规定，二手车交易必须提供车辆购置税、车船税和机动车保险费等税费缴付凭证。

1. 车辆购置税

（1）车辆购置税（图 3-12）是由车辆购置附加费演变而来的，由国家税务局征收，由交通部门按照国家有关规定统一安排使用。此税种目的是解决发展公路运输事业与国家财力紧张的突出矛盾，筹集交通基础建设资金。车辆购置税的征收标准，按车辆计税价的 10% 计征，由车辆登记注册地的主管税务机关征收，它是购买车辆后支出的最大一项费用，即

$$车辆购置税应纳税额 = 计税价格 \times 10\%$$

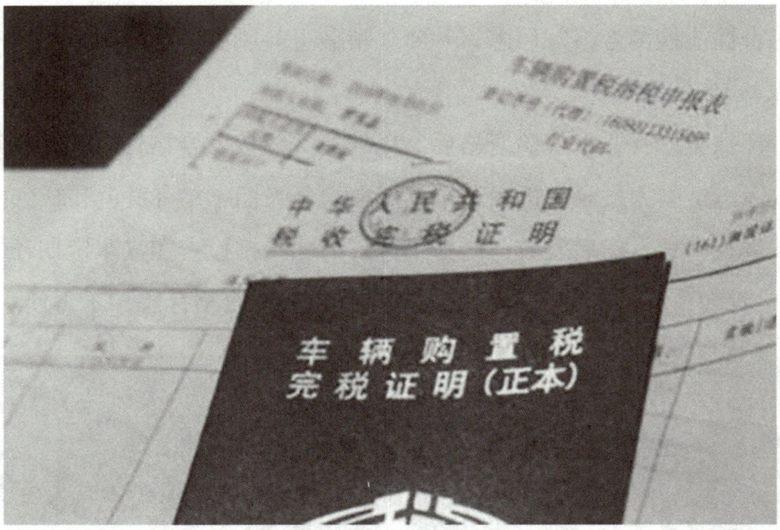

图 3-12　车辆购置税

计税价格按照下列情况确定：纳税人购买自用应税车辆的计税价格，为纳税人购买应税车辆而支付给销售商的全部价款和价外费用，不包括增值税税款。也就是说，按取得的“机动车销售统一发票”上开具的价费合计金额除以（1+13%）作为计税价格，乘以 10% 即为应缴纳的车辆购置税。

如果消费者买的是国产汽车，计税价格为支付给经销商的全部价款和价外费用，不包括增值税税款（税率 13%）。因为机动车销售专用发票的购车价中均含增值税税款，所以在计征车辆购置税税额时，

必须先将 13% 的增值税剔除，即车辆购置税计税价格：发票价除以 1.13，然后再按 10% 的税率计征车辆购置税。

例如，消费者购买一辆 10 万元的国产车，去掉增值税部分后按 10% 纳税。计算公式为

$$100\,000 \div 1.13 \times 0.1 = 8\,850 \text{ 元}$$

如果消费者买的是进口汽车，计税价格的计算公式为

$$\text{计税价格} = \text{关税完税价格} + \text{关税} + \text{消费税}$$

（2）车辆购置税的征收和免征范围按照国家规定，车辆购置税的征收和免征范围依照《中华人民共和国车辆购置税法》相关条文执行。

知识拓展

车辆购置税

车辆购置税是对在境内购置规定车辆的单位和个人征收的一种税，它由车辆购置附加费演变而来。2018 年 12 月 29 日，第十三届全国人民代表大会常务委员会第七次会议通过《中华人民共和国车辆购置税法》，自 2019 年 7 月 1 日起施行。

2. 车船税

车船税征收依据的是 2012 年 1 月 1 日起施行的《中华人民共和国车船税法》。根据规定，凡在中华人民共和国境内，车辆、船舶（以下简称车船）的所有人或者管理人为车船税的纳税人，应当依照规定缴纳车船税。

车船税是指在中华人民共和国境内的车辆、船舶的所有人或者管理人按照中华人民共和国车船税法应缴纳的一种税。车船税由各地地方税务局征收，客车按座位数分类计征，载货汽车按净吨位计征。

从 2007 年 7 月 1 日开始，汽车车主需要在投保交强险时缴纳车船税。2018 年 8 月 1 日，财政部、税务总局、工业和信息化部、交通运输部下发《关于节能新能源车船享受车船税优惠政策的通知》，要求对符合标准的新能源车船免征车船税，对符合标准的节能汽车减半征收车船税。

3. 机动车保险费

机动车保险是各种机动车在使用过程中发生事故，造成车辆本身以及第三者人身伤亡和财产损失后的一种经济补偿制度。机动车保险费是机动车所有人向保险公司所交付的与保险责任相适应的费用，它的目的是在机动车发生意外事故时，转嫁风险，使投保人避免发生较大损失。机动车保险实际上是一种运用社会集体的力量，共同建立规避风险基金进行补偿或给付的经济保障。

我国机动车保险险种分为基本险和附加险两大类。基本险又称为主险，是指不需附加在其他险种之下的，可以独立承保的险种。简单地说，能够独立投保的保险险种称为基本险。附加险是相对于基本险而言的，是指附加在基本险合同下的附加合同。它不可以单独投保，要购买附加险必须先购买基本险。基本险和附加险又分别有不同险种。基本险包括车辆损失险（简称车损险）、第三者责任险和车辆盗抢险。

4. 客、货运附加费

客、货运附加费是国家本着取之于民、用之于民的原则，向从事客、货营运的单位或个人征收的专项基金。它属于地方建设专项基金，各地征收的名称叫法不一，收取的标准也不尽相同。客运附加费是用于公路汽车客运站点设施建设的专项基金，货运附加费是用于港航、场站、公路建设和车船技术改造的专项基金。

课堂讨论

机动车来历证明有哪些作用？税费单据有多少种类？

任务二　二手车技术状况的静态检查

一、机动车技术状况变化的原因和检查

（一）技术状况变化的原因

机动车技术状况的变化是机动车诸多内在原因综合作用的结果。主要原因包括：零件之间相互摩擦产生的磨损；零件与有害物质接触而产生的腐蚀；零件在交变载荷作用下产生疲劳；零件在外载、温度和残余内应力作用下发生变形；橡胶及塑料等非金属零件和电器元件因长时间使用而老化；由于偶然事件造成零件损伤等。这些原因使零件原有尺寸和几何形状及表面质量发生改变，破坏了零件原来的配合特性和正确位置关系，从而引起汽车（或总成）技术状况变坏。

磨损是零件的主要损坏形式，磨损现象只发生在零件表面（图 3-13），零件磨损速度的快慢既与零件的材料、加工方法有关，也受汽车运用中装载、润滑、车速等条件的影响。

图 3-13　零件表面的磨损

疲劳损坏是由于零件承受超过材料的疲劳极限的循环应力时，而产生的损坏。腐蚀损坏（图 3–14）产生于与腐蚀性物质接触的零件表面，易于产生腐蚀损坏的主要部件有燃料供给系统和冷却系统的管道、车身、车架及导线等。

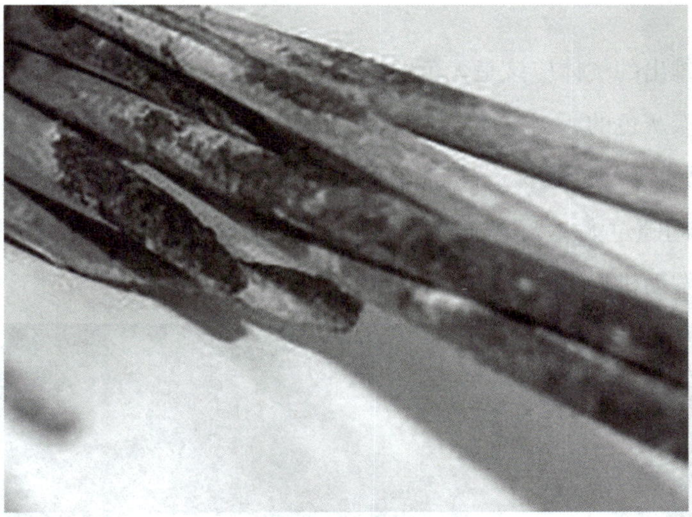

图 3–14　腐蚀损坏

零件在制造和加工过程中产生的残余内应力和零件受热不匀而产生的热应力足够大时，会导致零件变形或加快变形速度。

老化是由于零件材料在物理、化学和温度变化的影响下，逐渐变质或损坏的故障形式。因机动车零件和运行材料性能的变化，而使机动车技术状况逐渐变坏的现象，不仅发生于机动车使用过程中，也发生于车辆储存过程中。例如，橡胶、塑料等非金属零件因老化而失去弹性，强度会下降等。

（二）技术状况变化的检查

机动车在使用过程中，随着行驶里程的增长，各部机件将会由于磨损量的增大和各种损伤，使得原有的尺寸、几何形状、机械性能、配合关系等遭受破坏，从而使机动车技术状况发生变化，机动车失去了正常工作的能力，也即机动车产生了“故障”。

实践证明，无论是汽车发动机还是底盘部分的故障症状，均因其成因不同而不同。可以通过耳朵（听）、眼睛（看）、鼻子（嗅）、手（摸）、身（受）等来发现外观征兆，并根据这些外观征兆来断定汽车是否存在故障。

1. 汽车技术性能变坏

（1）动力下降

如活塞、活塞环与气缸壁的磨损量超过限度后，则在进气行程中，气缸内吸力不足，以致进气量减少；并且在压缩行程、做功行程中，出现气缸漏气、爆发压力下降，导致发动机功率下降。

（2）可靠性变差

如制动系统的相关机件磨损过度，则会出现汽车的制动性能下降，甚至失去制动功能。

（3）经济性变坏

如发动机燃油供给系的有关机件磨损过度，会造成燃油的雾化不良，燃烧不完全，以致耗油量增加，经济性下降。

2. 排气烟色异常

正常的汽油发动机排出的气体应该是无色的，在严寒的冬季可见白色的水汽；柴油发动机带负荷工作时排出的气体一般是淡灰色的，当负荷较大时，为深灰色。无论是汽油机还是柴油机，如果排气颜色发蓝（图 3–15），说明机油窜入燃烧室。若机油油面不高，最常见的是气缸与活塞密封出现问题，即活塞、活塞环因磨损与气缸的间隙过大。无论汽油发动机还是柴油发动机，如果排气管冒黑烟（图 3–16），说明混合气过浓，汽油发动机点火时刻过迟等。

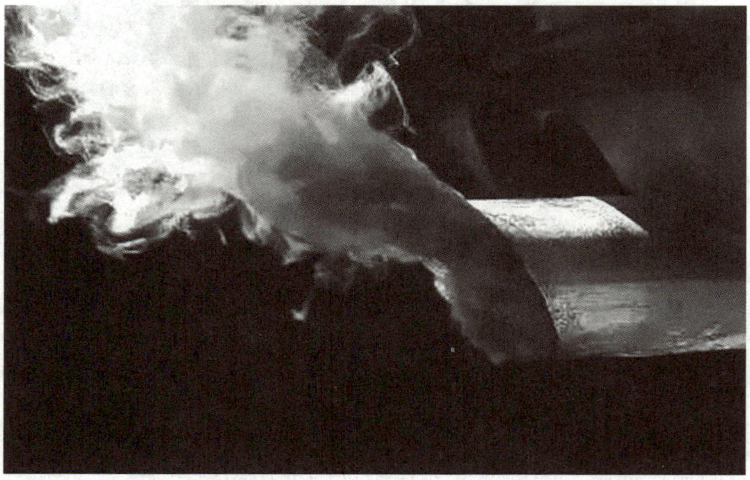

图 3–15　排气管冒蓝烟

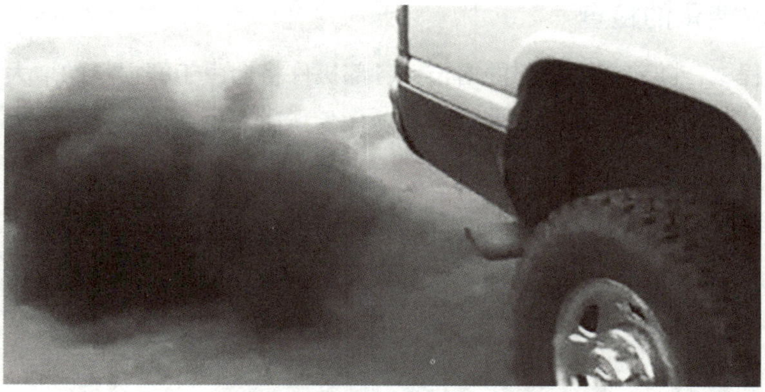

图 3–16　排气管冒黑烟

3. 气味异常

当制动出现拖滞，离合器打滑，摩擦片因摩擦温度过高而烧焦时（图 3–17），会散发出焦味；当混合气过浓，部分燃油不能参加燃烧时，会散发出生油味；电路短路导线烧毁时也有异味。

4. 机件过热

机件过热常见的有发动机过热（图 3–18）、轮毂过热、后桥过热、变速器过热、离合器过热等，这些是机件运转不正常、润滑不良、散热不好的故障表现。

图 3-17　摩擦片烧焦

图 3-18　发动机过热时的冷却液温度表显示

5. 外观异常

汽车停放在平坦场地上，如有横向或纵向歪斜等现象，即为外观异常。外观异常多由车架、车身、悬架、轮胎等异常造成，并会导致方向不稳、行驶跑偏、质心转移、轮胎异常磨损等故障。

6. 渗漏现象

渗漏是指汽车的燃油（图 3-19）、润滑油、制动液（或压缩空气）、防冻液（图 3-20），以及其他各种液体、气体的渗漏现象。渗漏容易造成过热、烧损及转向、制动机件失灵等故障。

图 3-19　燃油渗漏

图 3-20　防冻液渗漏

二、车身外观检查

车身外观检查是了解二手车整体技术状况和故障情况的重要手段之一。外观检查项目基本上可分为两大类：一类是仅做定性规定的检查项目，可用直观检测，即目测检查（图 3-21）；另一类是做定量规定的检查项目，必须采用仪器设备和客观检查方法做定量分析。外观检查项目中，必须在底盘下面进行的项目，最好在设有检测地沟及千斤顶或汽车举升器的工位上进行。需要注意的是，二手车在进行外观检查前，应进行外部清洗。

图 3-21 直观检测

1. 二手车车辆标志的检查

车辆标志包括车辆的商标、铭牌、发动机型号和出厂编号、底盘型号及出厂编号。车辆的商标、型号标记必须装设在车身前部的外表面上，通常人们一眼就能看出来。车辆铭牌（图 3-22）应置于车辆前部易于观看之处，客车铭牌应置于车内前门的上方。车辆的铭牌应标明厂牌、型号、发动机功率、总质量、载货质量或载客人数、出厂编号、出厂年月日及厂名等。发动机的型号（图 3-23）和出厂编号应打印在发动机气缸体侧平面上，而底盘的型号和出厂编号应打印在金属车架的易见部位。

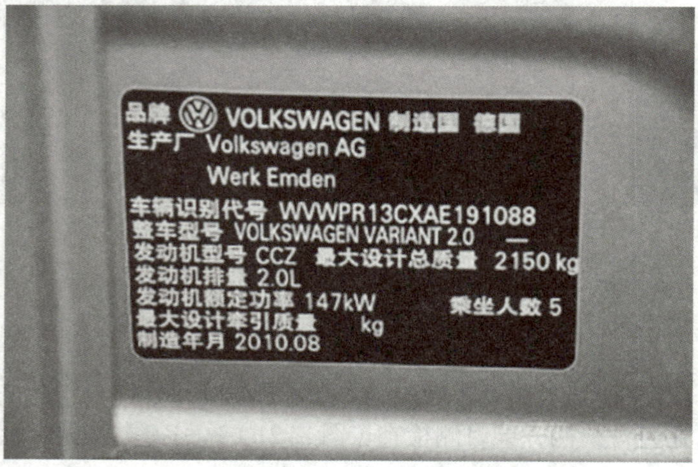

图 3-22 车辆的铭牌信息

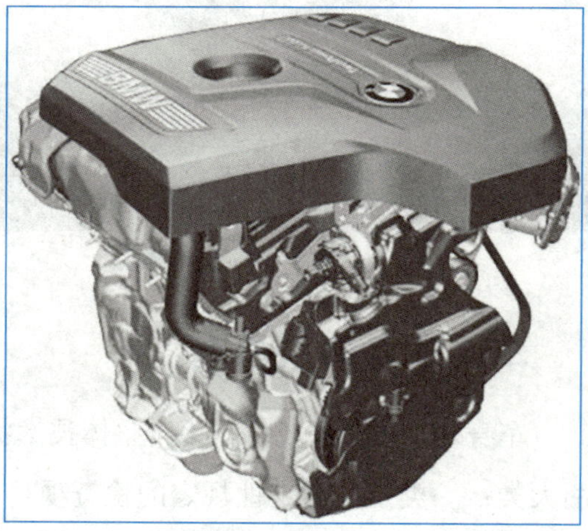

图 3-23 宝马 B48 发动机的型号位置

2. 二手车车门好坏的检查

观察 A 柱、B 柱和 C 柱处的车门边缘是否为平直流畅的线条，若无波浪的情形发生，表示此车无大问题（图 3-24）。在未打开车门时，可先看车门接缝处是否平整，如果接合的密合度自然平整，表示此车无大毛病。但不能就此断定此车没问题，可以再打开车门来详细查看 A 柱、B 柱、C 柱，也就是观看车门框线条是否规整流畅（图 3–25），如果有类似波浪的情形，表示此车经过钣金修理。

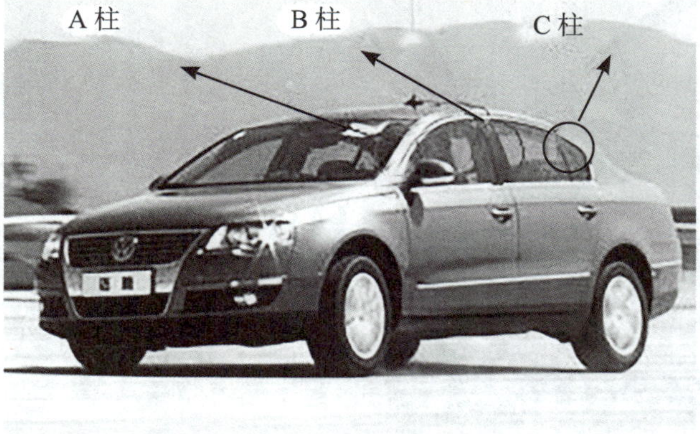

图 3–24　汽车的 A 柱、B 柱和 C 柱

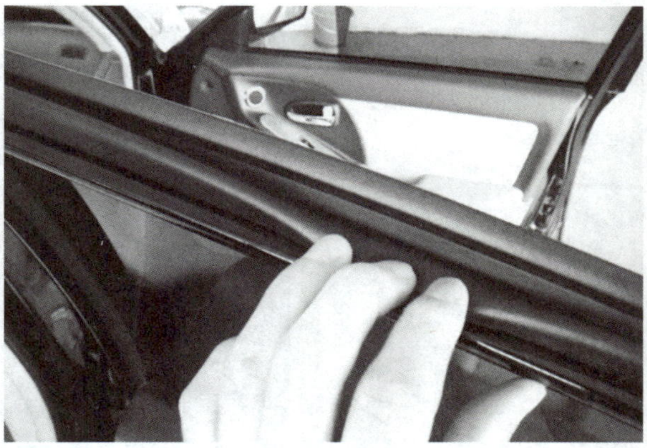

图 3–25　观看车门框线条是否规整流畅

车辆的 A 柱、B 柱、C 三柱（图 3–26），就像房屋四周的几个柱子一样，没有它们，车身就支撑不起来。有些二手车是从国外走私或拼装的车辆，一般是把车顶拦腰切下来，去掉顶部，然后到另一地方后又将顶部焊接起来。通过这种方法，可以将整车变成零部件而逃避整车税。但是，事后焊接的车辆，在 A、B、C 三柱的根部，一定会留下焊接及刮灰的痕迹，只要仔细观察，就会发现。

将车门框密封条揭开，观察门框周边线条是否流畅、平整（图 3–27），车门附近是否留有原车焊接时的焊点痕迹，如果留有痕迹则表示此车为原厂车，如果没有痕迹则表示此车做过油漆修补。来回开关车门，检视车门开启的顺畅度，无杂音或开启时极为顺手，表示此车框架无大问题。

图 3–26　汽车的 A 柱、B 柱、C 柱（D 柱）

图 3–27　车门框密封条的检查

3. 车顶与车门交合线是否平直的检查

将车门与车身呈 45°，看车顶与车门交合线，具体方法是站在车前照灯旁，半蹲身子，像木工用眼睛测直线一样，观看车顶与车门交合处两条线和雨槽是不是平直，如图 3–28 所示。如果有扭曲，这辆车一定是被侧撞过的。要注意的是，不要只看一边，车的两边都要观看。

图 3-28　检查车顶与车门交合处两条线和雨槽是不是平直

4. 通过看车门观察二手车是否发生事故

车门基本上是一块方形，如图 3-29 所示。如果车门被撞后，钣金师傅是很难将旧门复原的。对于事故车，将车门竖线对正了，上部与车顶的门框横线就会倾斜；反之，将上面的横线对正了，车门与车B柱和另一扇门的竖线又会有一定的偏差。这主要是碰撞造成的车门铰链变形的结果。

5. 通过看门框检查车辆是否发生事故

看车时应扯下镶嵌在门框四周的橡胶密封条，直接查看门框，如图 3-30 所示。原装门框的边沿都有分布均匀的凹陷点，形状、大小及各个凹陷点之间的距离都是相同的。这些点是原厂的点焊机器人的杰作，它用两个横截面和HB铅笔大小差不多的焊头，分别紧紧夹住两块车身钣金件的外表面，并在瞬间通过几万伏的高压电，强大的电流将接触点处的金属烧得通红后马上断电，两块钣金件在夹具的夹持力和电流的作用下已紧紧地结合在一起。如果门框边沿的分布均匀的凹陷点变得模糊不清，表面不平，有毛刺等现象，说明车门相关部位出过事故。

图 3-29　车门与车 B 柱和另一扇门的竖线

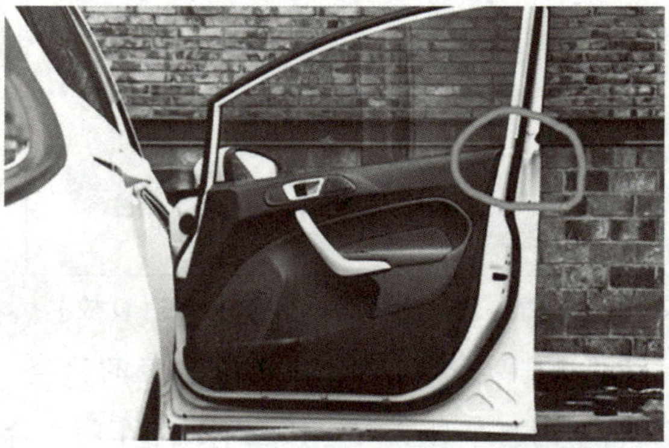

图 3-30　车门附近是否留有原车焊接时的焊点痕迹

6. 通过内饰判断二手车的状况

在挑选二手车时很多用户都会很在乎车辆内饰的新旧程度，这样的心理，很可能让商家钻了空子。如图3-31所示，很多二手车商家都会对车辆内饰的皮面及饰板进行翻新，这样就会掩盖车辆的真实情况，如果内饰是很自然的褶皱和破损是非常合理的。

如图 3-32 所示，确保所有座椅安全带数量是否正确、在合适位置并工作可靠。一定要检查是不是所有安全带都能互相可靠地扣在一起。

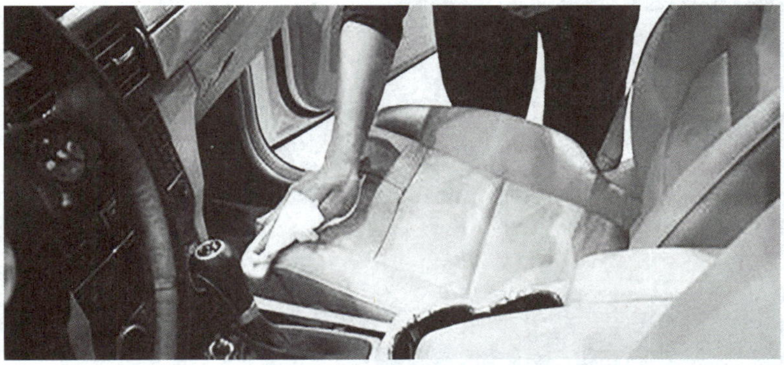

图 3-31　通过车辆内室判断二手车状况

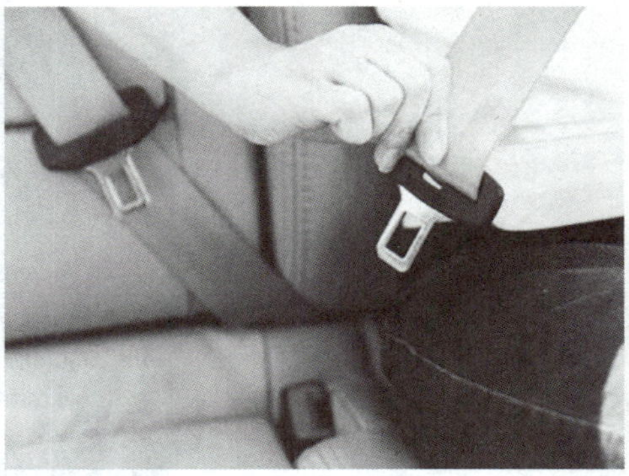

图 3-32　检查座椅及安全带的情况

7. 车身金属零部件锈蚀情况的检查

车身金属零部件锈蚀方面主要检查车门（图 3-33）、门边、车窗、排水槽、底板、各接缝等处，如锈蚀严重，说明该车使用状况恶劣，使用年限长。注意检查挡泥板、减震器、车灯周围、车门底下和轮舱内是否生锈。

图 3-33　检查车门情况

8. 二手车行李舱的检查

检查是否有焊接过或浸水的痕迹。光表面上看一眼是不够的，应掀开行李舱下的地毯，检视行李舱开口处左右两侧的钣金部分是否有钣金维修过的痕迹（图 3-34），备胎坑周围是否有变形（图 3-35），或者与后保险杠的接合处有无焊接过的迹象，检查行李舱盖边缘是否修理过，检查后翼子板是否做过钣金加工，查看后翼子板内部有无修理痕迹，这些细节都非常重要。如果有，说明该车发生过交通事故，重新焊接过。

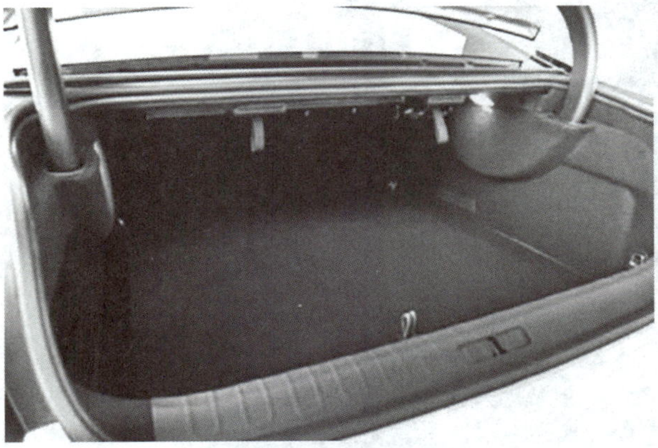

图 3-34　行李舱下面未发现碰撞维修痕迹

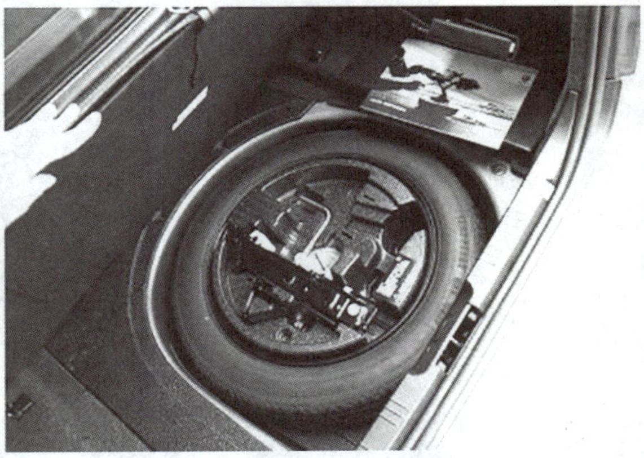

图 3-35　备胎坑边缘有变形

9. 二手车后视镜、下视镜、车窗玻璃的检查

汽车必须在左、右各设置一面后视镜，安装、调节及视野范围应符合规定。车长大于 6 m 的平头客车、平头货车，车前应设置一面下视镜（图 3-36），下视镜应完好。车窗玻璃应完好，前风窗玻璃应使用安全玻璃。当检查发现前风窗玻璃没有国家安全玻璃认证标志时，表明该车前风窗玻璃曾经更换过。

图 3–36　校车的后视镜和下视镜

三、二手车内饰的检查

1. 座椅检查

驾驶员座椅、乘客座椅安装应牢固可靠。驾驶员座椅、前排乘客座椅的调节功能应该有效。各座椅配备的安全带应齐全、有效。查看座椅的新旧程度，座椅表面应平整、清洁、无破损。座椅松动和严重磨损、凹陷，说明该车常常载人，可推断该车经常行驶在高负荷的工况下。另外要检查座椅的弹性，使用一定年限后，弹性会变差，并有塌陷感（图 3–37）。

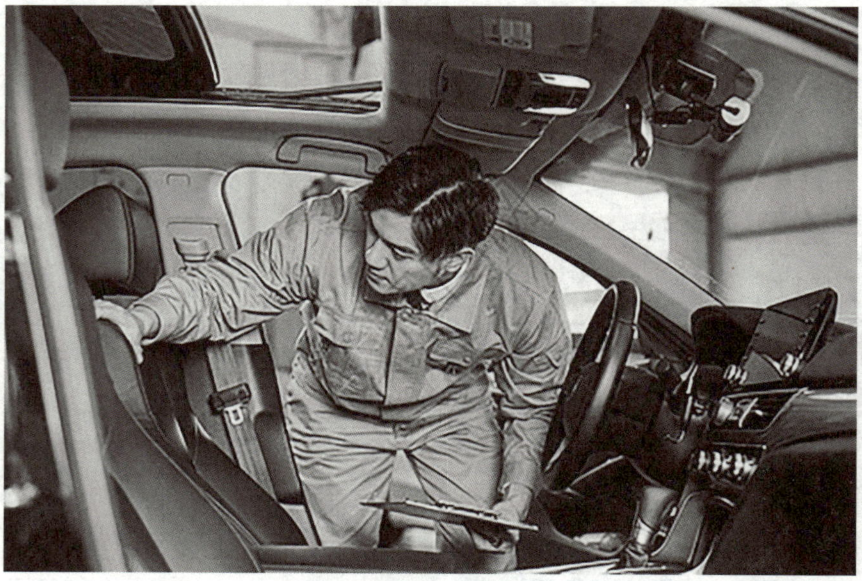

图 3–37　座椅弹性的检查

2. 车顶内篷检查

检查车顶的内篷是否破裂，车辆内部是否污秽发霉。车内如有发霉的味道，表明车子可能有泄漏的情况，导致车内的一些海绵填料和隔音多孔填料会吸收大量的水。

3. 地毡或地板胶的检查

如图 3–38 所示，检查地毡或地板胶是否残旧，从地毯磨痕可推断该车使用频繁程度。揭开地毡或地板胶，查看车厢底板是否有潮湿或生锈的痕迹，是否有焊接的痕迹。打开行李舱底板（图 3–39），查看内部有没有明显的锈迹与泥沙，注意留意一些缝隙和角落，查看行李舱盖板是否洁净干爽。

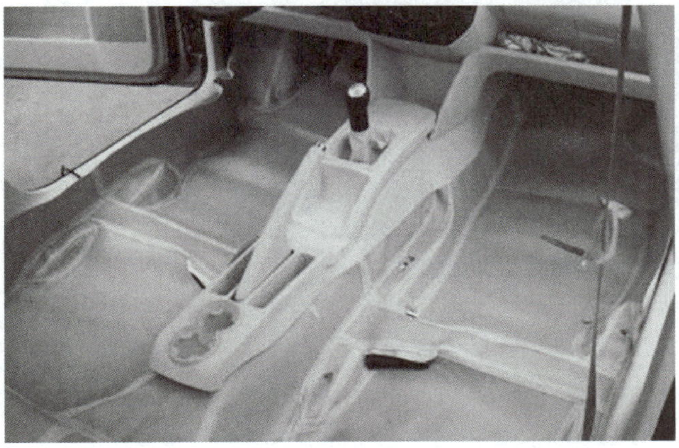

图 3–38　检查地板胶的情况

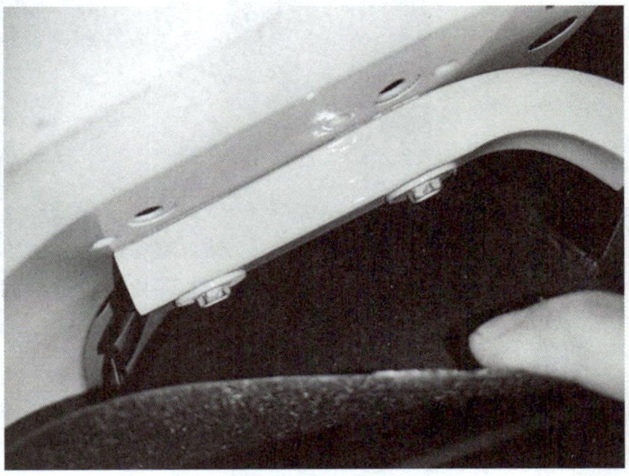

图 3–39　行李舱底板检查

4. 汽车行驶记录仪的安装情况检查

查看仪表板是否原装，检查仪表板底部有没有更改线束的痕迹。要求安装汽车行驶记录仪的车辆有无按要求安装（图 3–40），记录仪能否正常工作。

5. 里程表检查

如图 3–41 所示，已经行驶的里程数是车辆行驶年龄的参照，通常家用车每年合理的行驶里程范围是 1 900 ～ 24 000 km。

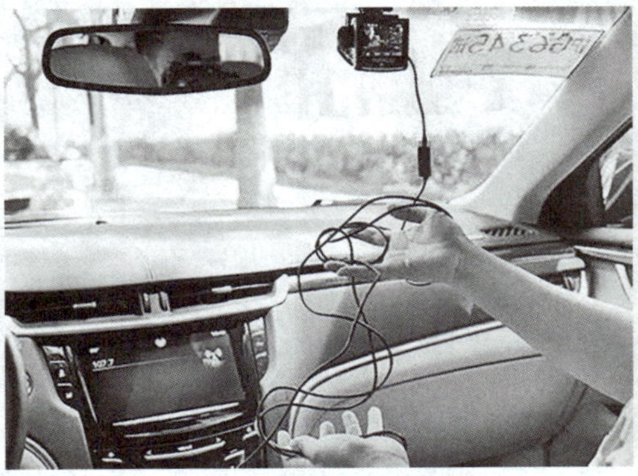

图 3–40　行驶记录仪的布线安装

图 3–41　里程表显示的里程数

6. 踏板的检查

检查离合器踏板、制动踏板、加速踏板有无弯曲变形及干涉现象，如图 3–42 所示。离合器踏板和制动踏板的踏脚胶是否磨损过度，通常一块踏脚胶寿命是 30 000 km 左右，如果换了新的，则说明此车已行驶 30 000 km 以上。

图 3–42　检查离合器踏板、制动踏板、加速踏板

四、发动机的检查

1. 发动机舱盖的检查

仔细查看发动机舱盖与翼子板的密合度或缝隙（图 3–43）是否一致（不要有大小不一的情形），发动机舱盖与风窗玻璃之间的间隙是否一致或留有原车的胶漆，如雪铁龙世嘉车风窗玻璃胶条脱落的情况（图 3–44）。

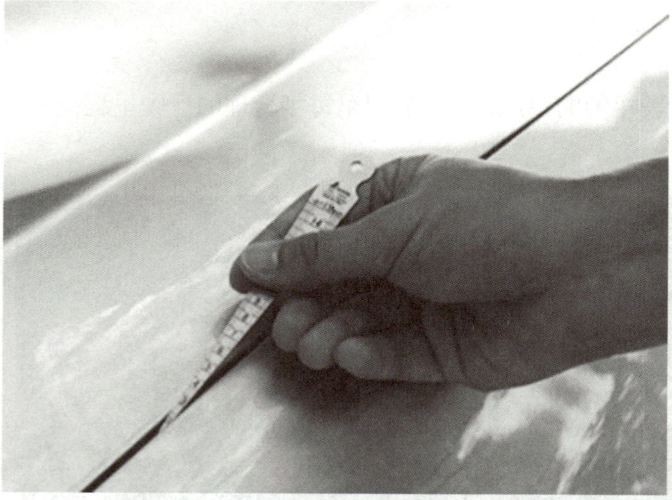

图 3–43　检查发动机舱盖与翼子板的密合度或缝隙

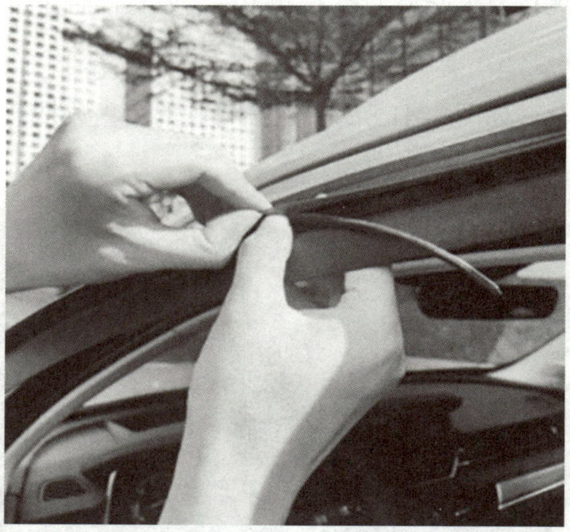

图 3–44　雪铁龙世嘉车风窗玻璃胶条脱落

检查发动机舱盖的边缘是否有撞击后修复的伤痕，如图 3–45 所示。打开发动机舱盖时，先检查其内侧，如果有修补油漆的痕迹，表示这片盖板碰撞过，检查翼子板内衬是否有修补的痕迹。然后可从发动机上方横梁（散热器安装上横梁）及发动机本体下方的两条纵梁（图 3–46），或内侧副梁等处查看，这些地方如无意外，都应留有圆形点焊的痕迹；若点焊形状大小不一，有可能遭受过撞击而经过钣金修理。另外，防水胶条是否平顺，也是判断此车有无受伤的依据。

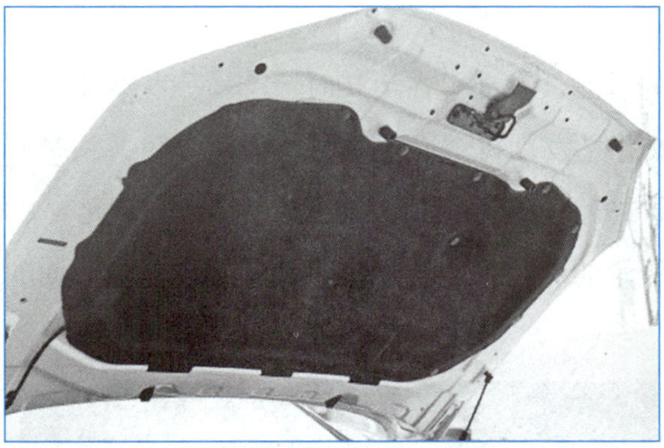

图 3–45　发动机舱盖的检查

图 3–46　汽车纵梁的检查

2. 机油的检查

（1）油面高度检查

一般机油尺上都有高、低油位的显示标记（图 3–47），如果机油平面在这两个油位之间，则表示正常，目前某些高端车采用电子机油标尺（图 3–48），可以比较直观地显示机油油位。如果油位过低，应了解上次更换机油的时间和间隔里程，通常机油的换油间隔为 5 000 km 或 3 个月，正常的机油消耗是在换油间隔内消耗量小于 1 L。如果时间和间隔里程正常，说明发动机烧机油；如果机油平面过高，说明发动机严重窜气或漏水。

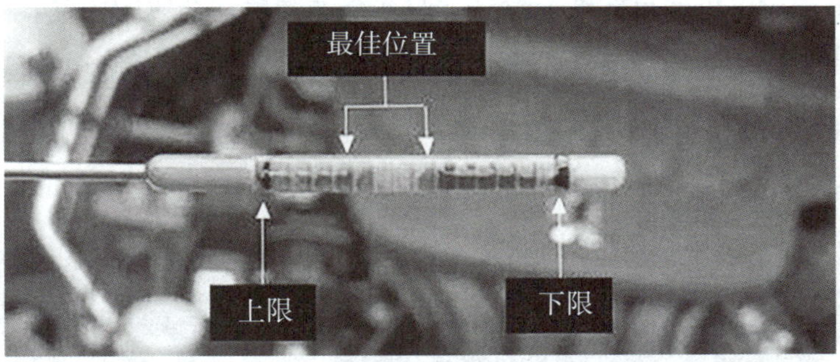

图 3–47　机油尺上高、低油位的显示标记

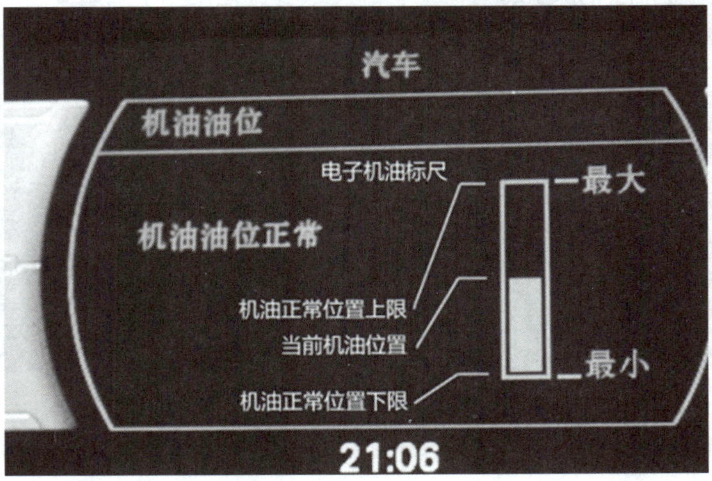

图 3–48　电子机油标尺

（2）机油状况的检查

如图 3–49 所示，机油滤芯负责发动机润滑介质机油的过滤，发动机在运转时会产生一些杂质；这些杂质会进入机油，再被机油滤芯过滤掉。可以说机油滤芯是发动机“血液”的“清道夫”，长时间不更换的后果是磨损加剧，损害发动机。机油滤芯一般可同机油一同更换，更换费用大致在 30 元 ~ 80 元。机油滤芯不能保证过滤所有的杂质，通过如图 3–50 所示的图片，能清晰地看到凸轮轴凸轮表面的杂质。

图 3–49　新旧机油滤芯的对比

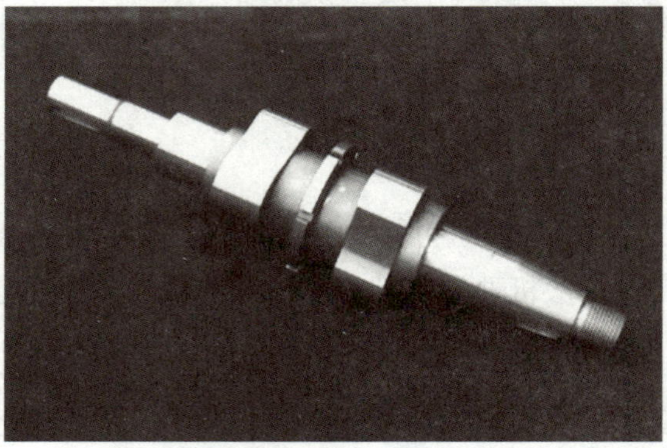

图 3–50　凸轮表面的杂质

（3）二手车机油颜色的检查

可以拿出一张白纸，拔出机油尺在纸上擦拭，观察机油颜色和杂质的情况。一般在换过机油后，车辆使用一段时间后机油颜色会变黑，这是正常的；而如果机油显现其他颜色都是不正常的现象。如果发现机油的颜色变灰、变白或有乳化现象（图 3–51），说明机油中混入水，可能是发动机冷却系统和燃烧系统有连通泄漏情况。

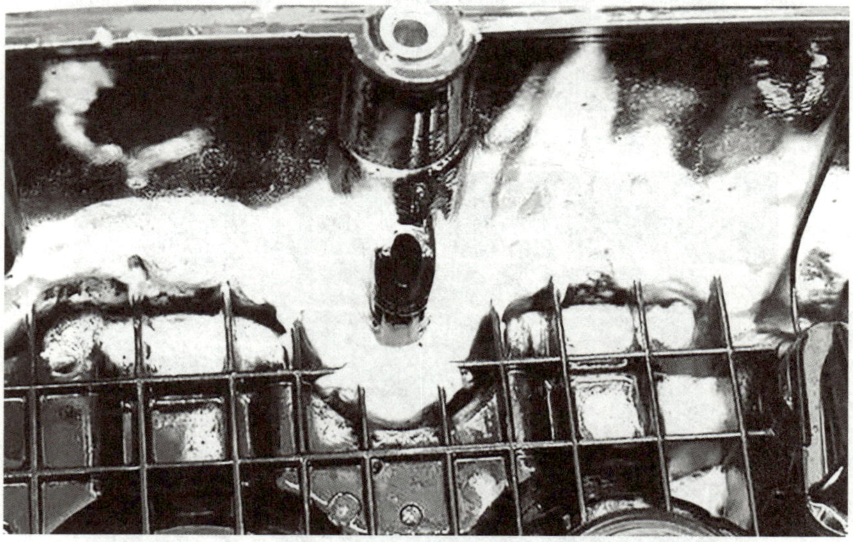

图 3–51　发动机机油的乳化现象

（4）发动机加机油盖的检查

拧下发动机加机油盖，将它翻过来观察底部，这样可以在加机油盖底部看到旧油甚至脏油的痕迹。如果加机油盖底面有一层黏稠的深色乳状物（图 3–52），还有与油污混合的小水滴，这就是不正常的情况，可能是缸垫、缸盖或缸体有损坏，导致防冻液渗入机油中造成的。如果有这种情况发生，被污染的机油有可能对发动机内部造成损害，发动机可能是需要大修的。

图 3–52　发动机加机油盖上的深色乳状物

3. 发动机冷却系统的检查

发动机冷却系统结构，如图 3–53 所示。打开发动机舱盖，首先检查散热器部分（图 3–54），注意检查的前提是冷车状态，否则很容易被溅出的水烫伤。打开散热器盖后，注意观察冷却液面上是否有其他的异物飘浮，例如，锈蚀的粉屑、不明的油污等。如果发现有油污浮起，表示可能有机油渗入到冷却液内；如果发现浮起的异物是锈蚀的粉屑，表示散热器内的锈蚀情况已经很严重。一旦发现有上述情况，都表示该车的发动机状况不是很好。现代汽车发动机常年使用防冻液作为发动机冷却液，如果冷却液损耗严重，首先应了解其原因，并分析二手车可能存在的事故，如发动机温度高、发动机漏水、发动机开锅等；如果冷却液内有油污，一般可认为气缸垫处漏气；如果冷却液混浊，要向车主询问原因，并特别注意发动机温度。

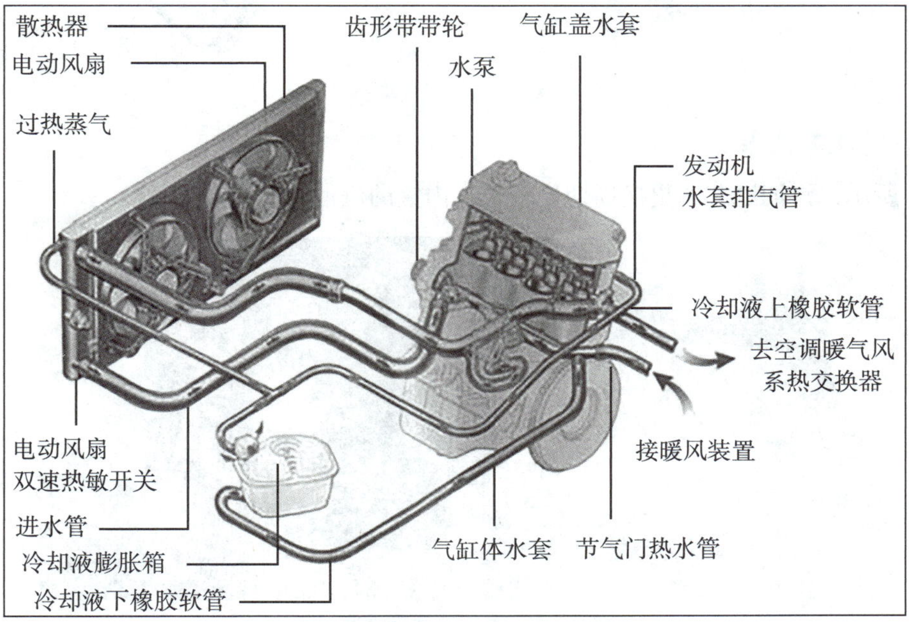

图 3–53　发动机冷却系统结构

图 3–54　发动机冷却液的检查

4. 空气滤芯的检查

空气滤芯主要是为发动机过滤脏空气的，以防止异物进入发动机内，如图 3–55 所示。它的更换周期为每 10 000 ~ 20 000 km，市场价格在 15 ~ 50 元不等，劣质的空气滤芯有可能会损坏发动机。

图 3–55　空气滤芯

5. 汽油滤芯及汽油泵的检查

如图 3–56 所示，汽油滤芯的更换周期比较长，内置的汽油滤芯更耐用。

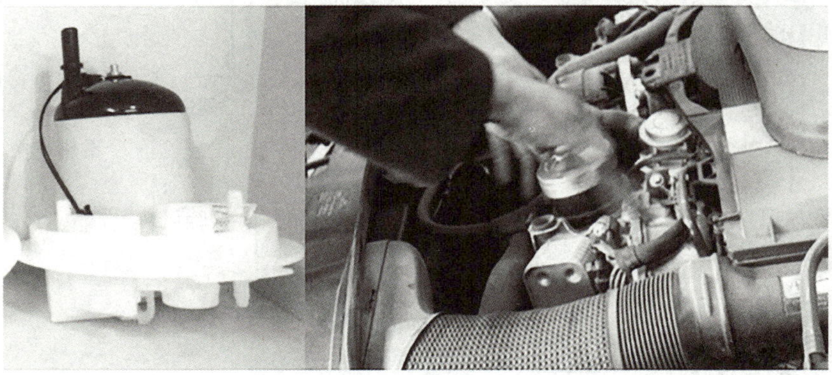
图 3–56　汽油滤芯及安装位置

汽油泵由于其工作环境的特殊性（油箱内），所以汽油泵使用的是塑料材质。长时间浸泡在汽油中的汽油泵会慢慢老化（图 3–57），所以在 100 000 km 左右的时候需要对其进行更换（图 3–58）。汽油泵是靠油箱内的汽油进行散热的，经常空着油箱驾驶车要小心汽油泵过热烧坏。

图 3–57　老化的汽油泵

图 3–58　汽油泵的更换

6. 防冻冷却液的检查

一般热车后防冻冷却液的高度在膨胀箱指示线的最高（MAX）和最低（MIN）之间即可。防冻冷却液可以自己加注（图 3–59），但是一定要加注与原液相同成分的防冻冷却液。防冻冷却液能够帮助发动机预热、散热，同时还有防锈、防腐的能力。

图 3–59　防冻冷却液的加注

防冻冷却液有很多颜色，如黄色、粉色、绿色等。不同颜色、不同品牌防冻液的化学性能可能相差悬殊，成分也不同。即便主要成分相同而次要成分不同的也不能混加，乙二醇和丙二醇在高温高压下会反应生成胶质（口香糖中的主要物质）。

7. 二手车排气系统的检查

观察排气系统上所有吊架，是否都在原来位置并且是否像原来部件，如图 3–60 所示。大多数现代汽车具有带耐热橡胶环形圈的排气管支承，它连接车架支架与排气管支架。当这些装置更换为通用金属带时，排气系统将承受更大的应力，并造成更多的噪声、热量和振动传递到汽车车身上。

图 3-60　二手车排气系统的检查

8. 火花塞的检查

市面上使用的火花塞因电极材质不同，大多分为普通火花塞（使用 40 000 ~ 50 000 km）、铂金火花塞（60 000 ~ 80 000 km）、铱金火花塞（80 000 ~ 100 000 km）。一般原厂火花塞使用 80 000 ~ 100 000 km，一些老车型或直喷车型可能每 40 000 km 左右就需要更换火花塞。后期更换的火花塞每 60 000 ~ 80 000 km 也应更换。购买二手车后可根据里程数进行推算，也可拆下火花塞，观察火花塞电极处是否被积炭包裹，积炭过多的火花塞难以保证放电效果。同时查看火花塞陶瓷绝缘体是否有窜气痕迹，如图 3-61 所示的程度就应更换。

图 3-61　火花塞需要更换

五、底盘的检查

1. 检查泄漏

（1）检查冷却液有无泄漏

冷却液泄漏通常从上部最容易看见，但是如果暖风器芯或软管泄漏，液滴可能只出现在汽车底部，所以应在离合器壳或发动机舱壁周围区域寻找是否有冷却液污迹。

（2）检查机油有无泄漏

检查油底壳和油底壳放油螺栓区域是否有泄漏的迹象。行程超过 80 000 km 的汽车有少量污迹是常见的。当泄漏持续很长时间时，行车气流抽吸型通风装置和发动机风扇将把油滴抛到发动机、变速器或发动机舱壁下部区域各处。

（3）检查助力转向油有无泄漏

在一些汽车上，助力转向油可能看起来像变速器油泄漏，因为两种油液相似，但是助力转向泵泄漏通常造成的污迹集中在助力转向泵或转向器（或齿条齿轮）本体附近。

（4）检查变速器油有无泄漏

自动变速器一般都有冷却装置，其管道较长，容易出现泄漏。在冷却管路连接到散热器底部的地方查看是否有泄漏，沿着冷却管路、变速器油盘和变速器后油封周围的区域查看。

（5）检查制动液有无泄漏

诊断前、后制动器是否有制动液的痕迹。查找制动钳、鼓式制动器后板和轮胎上是否有污迹。从汽车的前部到后部，寻找制动管路中是否有扭结或凹陷，是否有泄漏的痕迹。

（6）检查排气泄漏

检查排气系统时，寻找明显的排气泄漏痕迹，如焊接不当的排气管连接处周围的黑色污迹。在浅色排气管上，泄漏通常容易产生棕色或黑色污迹。如果装有橡胶环形圈，检查橡胶环形圈排气管吊架的情况。检查排气管支座是否损坏，支座损坏容易引起排气系统泄漏或产生噪声，如图 3-62 所示。

图 3-62　检查排气管上的排气泄漏

2. 检查排气系统

观察排气系统上的所有吊架是否都在原来位置并且是否是原装件。现在大多数汽车都具有带耐热橡胶环形圈的排气管支承，它连接车架支架与排气管支架。当这些装置更换为通用金属带时，排气系统将承受更大的应力并使更多的噪声、热量和振动传递到汽车上，如图 3-63 所示。

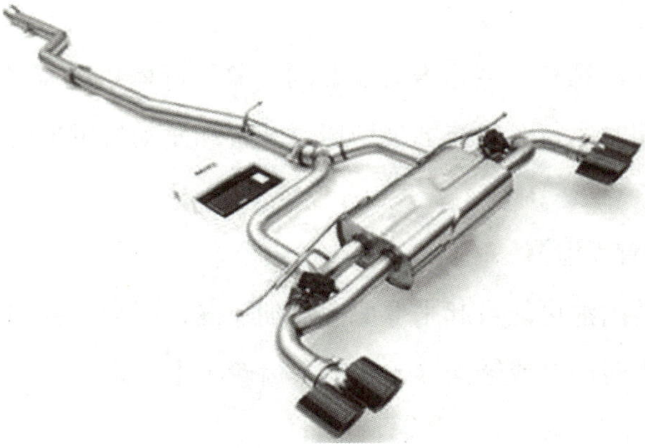

图 3–63　检查排气系统

提示：检查排气系统零部件是否标准，排气尾管是否更换过，确保它们离制动管不能太近。在后轮驱动的汽车上，排气尾管越过后端部，要确保紧靠后桥壳外表的制动钢管没有因为与排气系统上的凸起干涉而压扁。

3. 检查前、后悬架

（1）检查减振弹簧

汽车减振弹簧主要有钢板弹簧和螺旋弹簧两种。

① 对于钢板弹簧，应检查车辆钢板弹簧是否有裂纹、断片和碎片现象，两侧钢板弹簧的厚度、长度、片数、弧度、新旧程度是否相同，钢板弹簧 U 形螺栓和中心螺栓是否松动，钢板弹簧销与衬套的配合是否松旷。

② 对于螺旋弹簧，应检查有无裂纹、折断和疲劳失效等现象。螺旋弹簧上、下支座有无变形损坏。

（2）检查减震器

观察四个减震器是否有漏油现象，如图 3–64 所示。如果有漏油，说明减震器已失效，需要更换。更换减震器需要全部更换，而不是只更换一个，所以成本较高。观察前、后减震器的生产厂家是否一致，减震器上下连接处有无松动、磨损等现象。

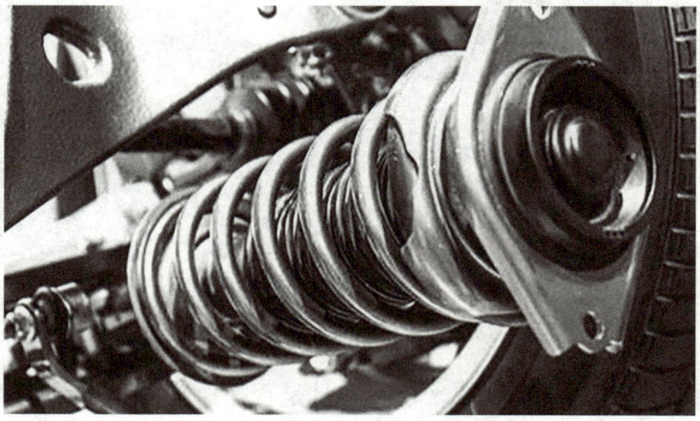

图 3–64　检查减震器是否漏油

（3）检查稳定杆

稳定杆主要用于前轮，有时也用于后轮，两端固定于悬架控制臂上。检查稳定杆有无裂纹，与车身连接处的橡胶衬套有无损坏，与左、右悬架控制臂的连接处有无松旷现象，如图 3–65 所示。

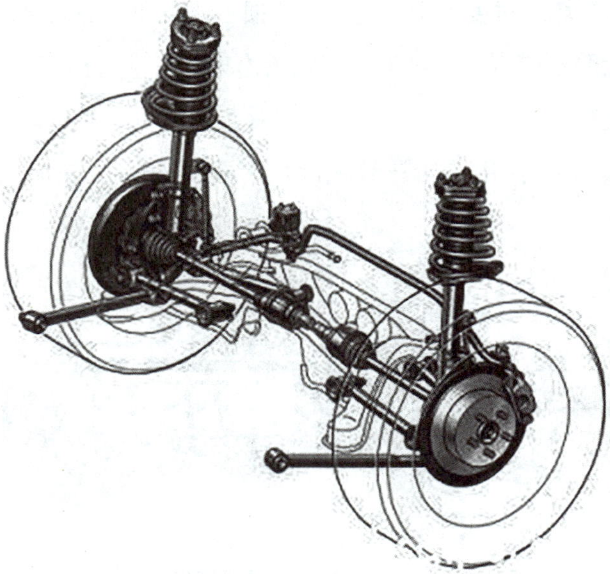

图 3-65　检查稳定杆

4. 检查转向机构

（1）检查连接部位

检查转向盘与转向轴的连接部位、转向器垂臂轴与垂臂连接部位、纵横拉杆球头销连接部位、纵横拉杆臂与转向节的连接部位、转向节与主销连接部位等处是否松旷。

（2）检查部件配合情况

检查转向节与主销间是否配合过紧或缺机油，纵横拉杆球头销连接部位是否调整过紧或缺机油，转向器是否无机油或缺机油。

（3）检查转向轴

检查转向轴是否弯曲，其套管是否凹瘪。

（4）检查动力转向系统

检查动力转向泵驱动带是否松动，转向油泵安装螺栓是否松动，动力转向系统油管及管接头处是否存在损伤或松动等。

5. 检查传动轴

对于后轮驱动的汽车检查传动轴、中间轴及万向节等处有无裂纹和松动，传动轴是否弯曲、传动轴轴管是否凹陷，万向节轴承是否因磨损而松旷，万向节凸缘盘连接螺栓是否松动等。

对于前轮驱动的汽车，要密切注意万向节上的橡胶套。绝大多数汽车在汽车的每一侧（左驱动桥和右驱动桥）具有内、外万向节，每个万向节都由橡胶套罩住，里面填满了润滑脂，橡胶套用于保护万向节避免污物、锈蚀和潮气的影响。用手弯曲或挤压橡胶套，查找是否有裂纹或擦伤。

六、轮胎的检查

轮胎的检查

汽车轮胎的检查主要是检查轮胎磨损情况。轮胎在汽车的使用过程中，是仅次于燃料的一项重要运行消耗材料。胎面磨损严重是车辆需要调校的信号，否则很有可能损坏悬架系统。确保备胎是可以使用的，并没有损坏或过度磨损。轮胎的磨损、破裂和割伤无须仪器检测，凭简单的深度尺、钢直尺加外观检测便可。轮胎不应有异常磨损，当轮胎出现非正常磨损时，表明该车的车轮定位参数不准确，或是车辆长期超载运行。

测量轮胎花纹深度时，需要使用轮胎花纹深度尺（图 3–66）。轮胎花纹深度尺有机械式和电子式两种。

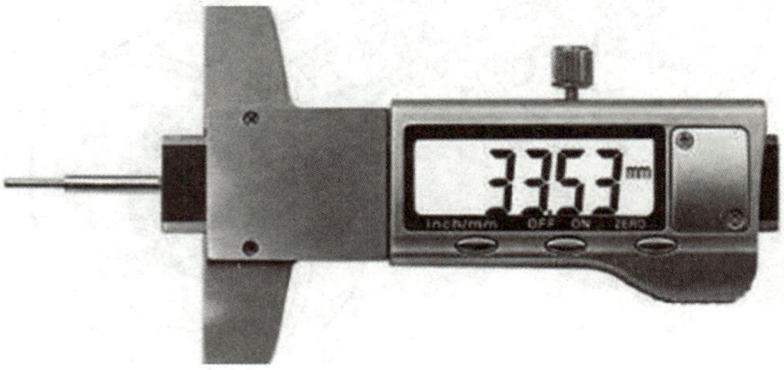

图 3–66　轮胎花纹深度尺

1. 机械式轮胎花纹深度尺测量

机械式轮胎花纹深度尺，如图 3–67 所示。外侧粗一点、固定的标尺，是辅助测量尺；而中间细长可以移动的，就是主测量尺。当主尺的测头与尺身处于同一平面时，辅助尺与主尺的“0”刻度对齐，此时深度尺“归零”状态。实际测量时，可将辅助尺“0”刻度所处位置的左侧主尺刻度读为整数；辅助尺的刻度与主尺对齐的那一刻度（或最接近对齐的那一刻度），则作为小数点后读数。将主尺的尖端，伸入轮胎胎面的同一横截面几个主花纹沟中，测量花纹沟的深度，得出一组数值，再算出平均数。例如，辅助尺的“0”刻度位于主尺 18 mm 与 21 mm 刻度之间，读为 18 mm。辅助尺的“9”刻度与主尺的某一刻度对齐，则读为 0.9 mm。主尺读数与辅助尺读数相加为总读数，即 18.9 mm。

进行实际测量时，应测量轮胎的主花纹沟；使深度尺垂直于胎面；主尺探头避开花纹沟内的磨损极限标志；如果是新胎，注意尺身避开胎面上突起的胶瓣。

2. 电子式轮胎花纹深度尺测量

电子式轮胎花纹深度尺测量轮胎花纹深度，如图 3–68 所示。测量时从液晶显示窗上直接读数即可。现在大多数轮胎设有磨损标记，一般以花纹中布置的凸点为标记，如图 3–69 所示。检查时，如果发现磨损标记已被磨损，则表明轮胎需要更换。

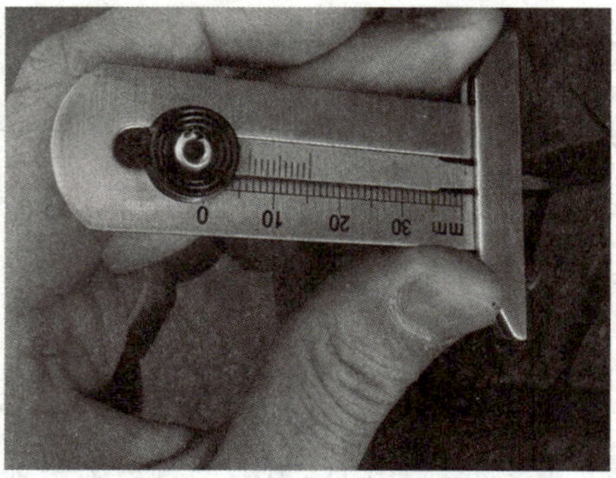

图 3–67　机械式轮胎花纹深度尺

图 3–68　电子式轮胎花纹深度尺

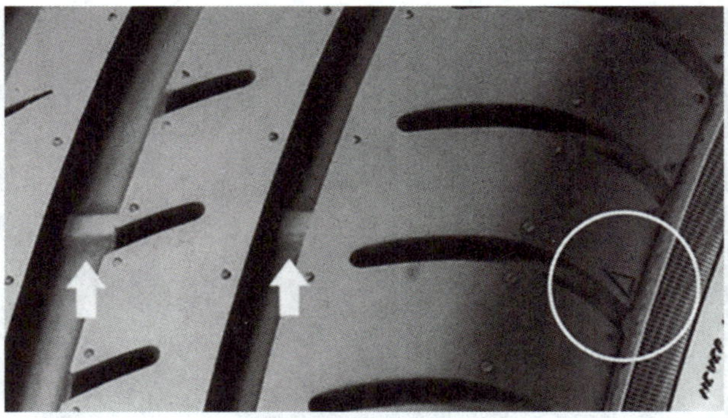

图 3–69　轮胎表面的磨损标记

3. 车轮的横向和径向摆动量的检查

车轮横向和径向摆动量规定：总质量小于或等于 4.5 t 的汽车不得大于 5 mm；摩托车和轻便摩托车不得大于 3 mm；其他车辆不大于 8 mm。检测时用举升器或千斤顶等顶起前桥，用百分表测头水平触到轮胎前端胎冠外侧，用手前后摆动轮胎，测其横向摆动量；再将百分表移至轮胎上方，使测头触到胎冠中部，然后用撬杆往上撬动轮胎，测量其径向摆动量。汽车车轮横向和径向摆动量超过规定值时，汽车行驶时将会引起方向盘抖振，因此应及时进行检修和调整。

七、汽车电器的检查

1. 蓄电池状况的检查

蓄电池的使用寿命一般在 3 年左右，有些原厂的蓄电池可以使用 4 年甚至更久。一般在起动效果不好时应提前更换蓄电池，以防患未然。目前，有超过 80% 的免维护蓄电池中都带有电量观察口（图 3–70）。

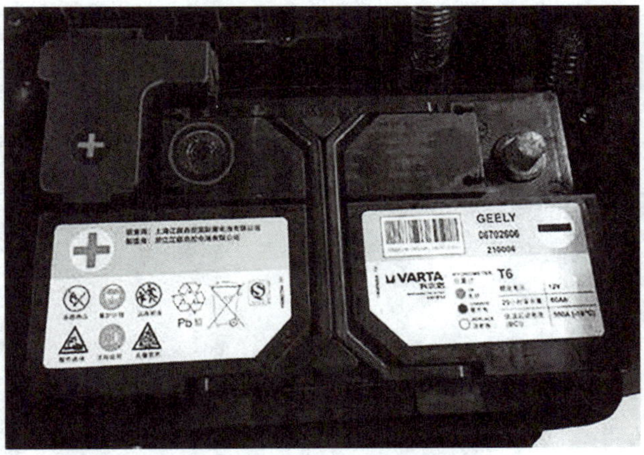

图 3–70　蓄电池电量观察口

如果车主更换的不是免维护蓄电池，也可根据蓄电池的电压来判断是否更换。性能好的蓄电池的空载电压可达到 14.5 V 左右（图 3–71），一般家用车蓄电池空载电压在 13 V 左右，满载不低于 12 V。起动电压不低于 9.5 V。当扳动钥匙门点火时，听见起动机的转动“吱吱”声很慢、很闷，很有可能蓄电池该更换了。

图 3–71　万用表测量电池的空载电压

如果车辆的蓄电池出现了蓄电池漏液、氧化物现象（图 3–72），应立即更换蓄电池。这种现象常出现于长时间不起动的车辆上。如果长时间泊车，出于保护蓄电池的目的，断开蓄电池负极，并用绝缘胶布妥善包裹。蓄电池因品牌与容量不同，价格差距也较大，一般为 300 ~ 1 000 元。

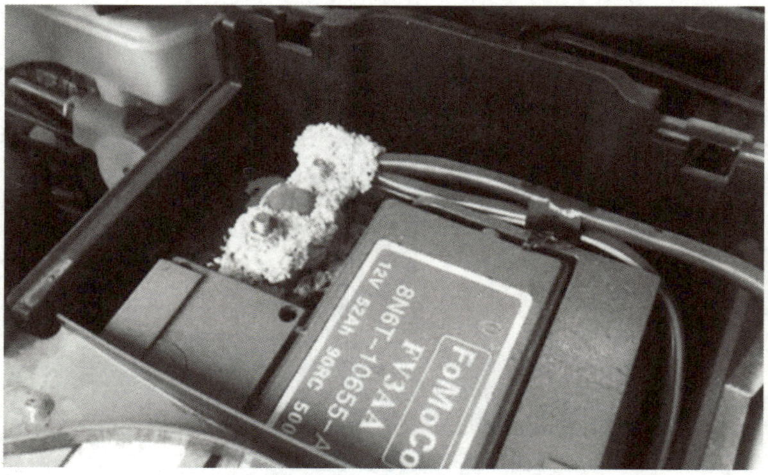

图 3–72　蓄电池漏液、氧化物现象

2. 发电机工作情况的检查

在日常用车过程中，如果蓄电池在着车后存电量持续下降，那很可能是发电机出现故障了。发电机负责为车辆的蓄电池充电，如果发电机不工作，蓄电池也会很快没电。这种情况在选购二手车时不是很好查出来，只能等到故障出现后再做诊断。车辆亏电极其复杂，只能一步一步排查，耗时耗力。

3. 空调压缩机的检查

空调压缩机是车辆制冷系统的核心。常出现的问题有开启制冷模式，发动机舱噪声过大，多为尖锐的金属摩擦声；或是空调制冷效果不佳，甚至不制冷。在排除 R134 a 制冷剂因素外，应检查空调压缩机（图 3–73）是否出现故障。

图 3–73　空调压缩机

4. 刮水器和前风窗玻璃洗涤器的检查

打开刮水器和前风窗玻璃洗涤器，观察前风窗玻璃洗涤器能否喷出洗涤液。观察刮水器是否在所有模式下都能正常工作；刮刷是否清洁；刮水器运转是否平稳；刮水器关闭时，刷片应能自动返回初始位置。如图 3–74 所示，一般刮水器有高速、低速两个位置，新型轿车一般还设有间隙位置，当间隙开关打开后，刮水器能以 2 ~ 12 次 /s 的速率进行刮擦运动。

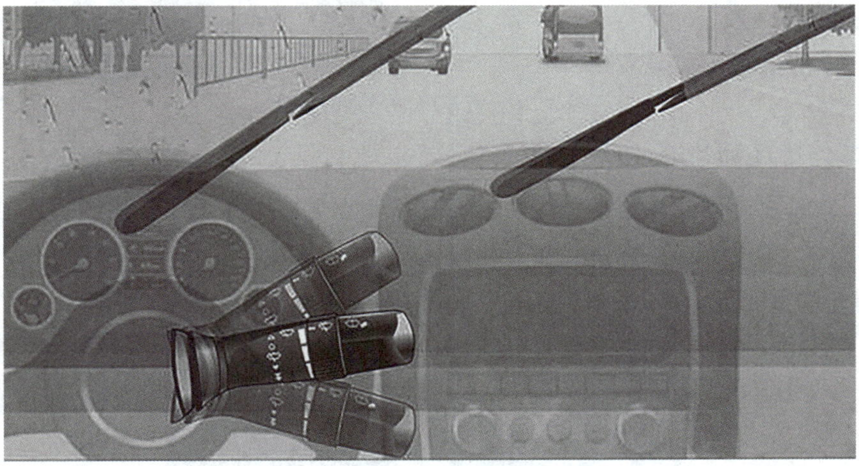

图 3–74　汽车刮水器开关的操作

5. 电动车窗工作情况的检查

如图 3–75 所示，按下电动车窗开关，各车窗升降器应能平稳、安静地工作，无卡滞现象，各车窗能正常升起和落下。

图 3-75　电动车窗开关

6. 电动外后视镜工作情况的检查

按下电动外后视镜开关上的上升（UP）按钮，然后再按下降（DOWN）按钮，后视镜应先向上移动，再向下移动。按下电动外后视镜开关上的向左（LEFT）按钮，再按下向右（RIGHT）按钮，电动后视镜应先向左移动，再向右移动。

7. 电动门锁的工作情况的检查

如图 3-76 所示，如果汽车有电动门锁，需检验，确保从外面能打开所有门锁（注意，试的时候不要把钥匙锁在车里面，目前有些车型如果遥控钥匙落在车上的话，车门是不能锁闭的）。

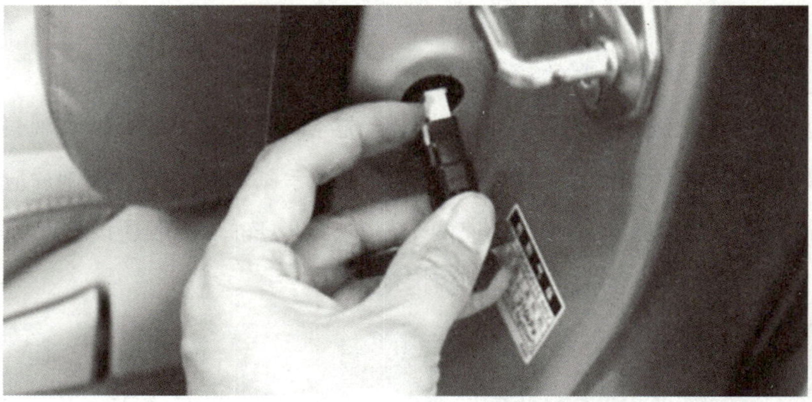

图 3-76　汽车电动门锁的检验

8. 点烟器工作情况的检查

按下点烟器，观察点烟器能否正常工作（图 3-77）。点烟器不能工作可能说明其他电路有故障（或者只是熔丝烧断）。

图 3-77　点烟器

9. 收音机和音响的检查

如图 3–78 所示，用一个盒式录音带和一张 CD 唱盘，来检查磁带或 CD 音响系统，观察磁带机或 CD 机能否正常工作，音质是否清晰。

图 3–78　汽车音响工作检查

10. 二手车车灯的检查

二手车很可能涉及车灯改装的问题，往往后期改装的氙灯需要加装单独的安定器，在前照灯总成外还会有一些接线。这样的加装会影响一定的电气安全性，应检查线路是否有老化情况出现。如果线路完好，建议用绝缘胶布将其缠绕（勿缠绕安定器）。

如果二手车的前照灯出现前照灯固定卡处封胶溢出，说明该车拆解过前照灯总成，后期应注意前照灯是否能工作正常。如果封胶溢出严重，或是用胶布缠绕的，应更换前照灯总成。

如图 3–79 所示，原厂前照灯封胶非常坚硬，除非加热到非常高的温度才会软化。后期改装的封胶较软，甚至常温下都是软的，很容易辨别。

图 3–79　前照灯封胶处

车灯进水（图 3–80）多为车灯密封件出现问题。轻微进水会扰乱光线，导致照明不足。如果进水程度严重，应该将前照灯拆下清理，并送入专用的烘烤箱加温，重新涂装车灯总成密封胶。单只车灯的维护费用为 200 ~ 400 元不等。

图 3-80　车灯进水

八、车身检查

1. 车身防伪检查

（1）国产车车身防伪检查

由于许多汽车制造厂为了防止不法分子造假，对汽车车身实行专营，只对特约维修站供应，一般的汽车修理厂是购买不到汽车车身的，并且正厂的汽车车身比仿制的汽车车身价格要贵得多。二手车鉴定评估师只要通过仔细地观察和触摸，就能发现造假者留下的痕迹，识别假汽车车身。

（2）进口车车身防伪检查

进口汽车的车身手续和进口汽车的手续一样。对于老旧车型，一些进口汽车配件供应商采用将报废车的车身部件拆下后翻新，再卖给汽车修理厂，从中牟取暴利。因此，二手车鉴定评估师必须高度重视和警惕，识别假汽车车身。

2. 走私汽车的鉴别

走私汽车，是指通过走私或非合法渠道进口的汽车。这些汽车有的是整车走私，有的是散件走私境内组装，有的甚至是旧车拼装。

进口正品汽车即大贸进口的汽车，是指通过正常的贸易渠道进口的汽车。此类车的前风窗玻璃上有原装进口汽车标志，符合我国的产品质量相关法律。进口正品汽车都附有中文使用手册和维修手册，有的还有零部件目录，而走私汽车则没有。

3. 走私汽车的检查

对于走私汽车还可以从以下几个方面进行识别。

（1）查勘汽车型号，看是否在我国进口汽车产品目录上。

（2）看外观是否有重新做过油漆的痕迹，尤其是风窗玻璃下框处要特别注意，因为常见的走私车就是“割顶”车。走私者在境外将轿车的车顶从风窗玻璃下框处切开，将汽车切成两部分，分别作为汽车配件走私或进口，然后在境内再将两部分焊接起来，通过这种方法来达到走私整车的目的。

需要注意的是，车身曲线部分的线条是否流畅，大面是否平整。一般用手从车顶部向下触摸，还是能够发现走私者留下的痕迹的。

（3）打开发动机舱盖，观察发动机舱内线路、管路布置是否有条理，是否有重新装配和改装的痕迹（图 3-81）。

图 3-81　检查发动机舱是否有重新装配和改装的痕迹

九、泡水车和火烧车的检查

（一）泡水车损失分析

1. 泡水车

泡水车也叫水淹车，是指被水泡过的车辆。汽车水淹的水质通常有淡水、泥水、污水、油水和海水等类型，不同水质对汽车造成的损失是不一样的。

水淹高度是确定水淹损失程度的一个重要参数，水淹高度通常以重要的具体位置作为参数，以轿车为例，水淹高度通常分为 6 级，具体内容如下。

（1）1 级：制动盘和制动毂下沿以上，车身地板以下，乘员舱未进水。

（2）2 级：车身底板以上，乘员舱进水，而水面在驾驶人座椅坐垫以下。

（3）3 级：乘员舱进水，而水面在驾驶人座椅坐垫面以上，仪表工作台以下

（4）4 级：乘员舱进水，水面在仪表工作台中部。

（5）5 级：乘员舱进水，水面在仪表工作台面以上，顶篷以下。

（6）6 级：水面超过车顶。

2. 汽车进水的损坏分析

（1）汽车静态进水损坏分析

汽车在停放过程中被暴雨或洪水浸入甚至淹没属于静态入水，如图 3-82 所示。

图 3-82 汽车静态进水

汽车在静态条件下，如果车内进水，会造成内饰、电路、空气滤清器、排气管等部位的受损，有时发动机气缸内也会进水。另外，汽车进水后，车的内饰容易发霉、变质。如不及时清理，天气炎热时，会出现各种异味。

（2）汽车动态进水损坏分析

汽车在行驶过程中，发动机气缸因吸入水而使汽车熄火，或在强行涉水未果、发动机熄火后被水淹没，属于动态进水。

汽车在动态条件下，如果进了水，水可能通过进气门进入气缸，将会导致发动机在压缩行程中，活塞上行时，混合气中含有水。由于水是不可压缩的，那么曲轴和连杆所承受的负荷就会极大地增加，有可能造成弯曲，在随后的持续运转过程中就有可能导致进一步的弯曲、断裂，甚至损坏气缸。

提示：需要说明的是，同样是动态条件下的损坏，由于发动机转速高低不同、车速快慢不等、发动机进气管安装位置不一、吸入水量多少不一样等，所造成损坏程度自然也不同。

（二）泡水车检查要点

泡水车最常检查的位置有转向立柱、安全带、点烟器座（包括 12 V 电源接口）、座椅导轨及骨架、地毯、熔丝盒等。

1. 检查转向立柱

查看项目：锈蚀、异响。

干扰因素：在湿度大的地区，此部位会出现锈蚀的情况，会影响二手车鉴定评估师判断。

2. 检查安全带

查看项目：霉斑、水印、更换、生产日期。

干扰因素：事故或泡水后，安全带进行了更换，无法判断更换原因（由于安全带非易损件，通常情况下不需要更换。若车主自行更换，有可能是因安全带浸水所致）；湿度大的地区，会造成安全带出现霉斑或水印，对于水淹车的查看有一定影响。

3. 检查点烟器底座

查看项目：水印、锈蚀、清理痕迹。

干扰因素：日常使用过程中，洒水造成的锈蚀，无法判断；湿度大的地区，也会造成点烟器底座出现锈蚀。

4. 检查座椅

查看项目：泥沙、发霉、异味、手感。

干扰因素：座椅修复后，从表面很难看出修复痕迹，需要进一步拆解进行判断。

5. 检查座椅滑轨

查看项目：泥沙、锈蚀、异响。

干扰因素：座椅滑轨很容易修复，但是一些细节的地方，往往被忽略。应仔细查看。

6. 检查熔丝盒

查看项目：泥沙、水印、更换 / 维修痕迹。

干扰因素：无法判断是因为泡水还是故障更换。

7. 检查车顶内饰板

查看项目：水印、线束、安全气囊。

干扰因素：日常清洗的时候，也会留下水印，对泡水的判断有一定影响；检查的时候，车主不一定允许拆开胶条查看线束和气囊。

8. 检查发动机舱

查看项目：水印、锈蚀、清洗 / 修复痕迹。

干扰因素：发动机舱环境较差，灰尘油渍以及清洗痕迹，都会影响到泡水痕迹的查看；湿度大的地区，也会造成发动机舱出现锈蚀。

9. 检查发动机舱盖隔声棉

查看项目：水印、清理痕迹。

干扰因素：发动机舱盖上的隔声棉在洗车或是下雨天气时，会被溅湿，从而影响判断。

10. 检查行李舱底板

查看项目：泥沙、锈蚀、修复痕迹。

干扰因素：车辆的使用环境，如经常拉海鲜、装货，会造成行李舱底板出现锈蚀和泥沙存留的痕迹，会影响到泡水车的判断。

11. 检查空调出风口

查看项目：泥沙。

干扰因素：车辆使用中，空调出风口会有尘土的积累，泡水车有很多情况下泡不到此位置。

12. 检查防火墙隔声棉

查看项目：泥沙、水印、发霉、破损。

干扰因素：车辆使用中，此处会有水溅痕迹，影响到泡水车的判断。

13. 检查车身底板

查看项目：泥沙、锈蚀、清理 / 修复痕迹。

干扰因素：车身底板需要拆解才能进一步地判断。

（三）火烧车损失分析

1. 火烧车的定义

火烧车是指部分区域发生灼烧后翻新的车辆。整体灼烧的车辆，火烧程度大，维修费用高，性能受到严重损伤，以至于没有维修的价值。

2. 火烧车的分类

根据火烧车燃烧的部位、燃烧的程度和燃烧后对整车性能影响的大小可将火烧车分为以下两类。

（1）轻微火烧车

局部火烧，损失只局限在过火部分油漆、导管或部分内饰，应考虑判定为轻微以上程度的火烧车。

（2）严重火烧车

火烧破坏很严重，即使在修复后对整车行驶性能也有较大影响。

（四）火烧车的鉴定

1. 案例：凯越火烧车的鉴定

车型：凯越，1.6 L 自动舒适版，2006 年 10 月出厂。

车主描述：卖掉这台凯越汽车，想买一台新车。车主刚做了全车漆不久（分析：当时车主应该有准备继续开的打算。）

鉴定过程如下。

（1）左侧前照灯非常新，刚换的，左前部位作为重点关注。

（2）打开发动机舱，发现龙门架上有不明白色粉末。

（3）发动机舱内也有大量粉末，应该是灭火器喷射后留下的痕迹。

（4）发动机舱盖有烧黑的痕迹。

从发动机舱情况可以看出车辆左前方有过火烧，因此，这辆车为火烧车。据车主描述，当时车辆在路上行驶，左前照灯突然冒烟，所幸车辆仅左前照灯一块烧坏。

2. 案例：帕杰罗火烧车的鉴定

车型：帕杰罗，2015 年 2 月出厂。

提示：帕杰罗车型具有一定的特殊性，一般都是认准车型而购买，不会开一年随意卖掉（评估时为 2016 年），除非车辆有重大事故才会出手，所以这种情况下需对车辆的检查更加仔细。

鉴定过程如下。

（1）对车辆漆面进行检查，发现车辆右前翼子板和右前门进行过喷漆或钣金修复，A、B、C 柱均无问题。左前轮毂、右后轮毂轻微刮伤。车辆内部没有任何毛病，座椅磨损也不严重，转向盘基本无磨损。

（2）打开前发动机舱盖，发动机螺钉没有扳动的痕迹，而防火墙上方的缝隙过于粗糙。开车去 4S 店与原车进行对比差距比较大，可能因为版本年代的不同做工存在差异。

（3）将车辆上架升高，整体看过去没有任何问题，当对底盘的螺钉进行检查时发现整个底盘都拆卸过，可以看出曾对车辆底盘进行过再次喷漆，并局部有火烧过的痕迹，扒开一块再次喷漆不均匀部位露出黄黄的铁锈。后差速器也进行过更换，立即派人去三菱 4S 店调取车辆维修保养记录，发现车辆只在 4S 店做过两次保养并无任何维修记录，这与车辆的实际情况不符，因为很多车辆发生重大事故为了不留下记录都不会选择去 4S 店维修，所以使检查变得更加困难。

因为非承载式车身具有底盘和车身可以分开装配，然后总装在一起的特点，很可能是车辆底盘局部发生起火，及时发现并迅速扑灭使车身基本未受损，到修理厂分开底盘与车身并拆卸底盘进行修理，并使车辆尽可能恢复原貌。

十、查询车辆使用记录

二手车使用记录查询渠道如下。

1. 4S 店售后服务系统

每个 4S 店都有售后服务查询系统，例如，丰田、本田、沃尔沃等集团，通常使用“经销商管理系统（DMS）”进行车辆信息查询。奔驰开发了自己品牌的 DMS，经销商的 DMS 系统分为销售、售后、配件和财务四个环节，二手车维修保养记录查询主要是利用售后 DMS 系统进行。

2. 二手车平台

除了传统的二手车交易市场和 4S 店二手车销售渠道，近几年很多消费者会选择通过互联网二手车交易平台进行二手车买卖，如“人人车”“瓜子二手车”“优信二手车”等，通常这些交易平台会提供车辆维修保养记录查询方法，消费者可缴纳一定的费用进行查询。还可以通过公共网站进行查询，如汽车之家。

3. 车辆历史报告查询 App

随着二手车交易量的增加和消费者对二手车买卖的认可，为方便消费者查询车辆情况，商家开发了专门的“车辆历史报告查询 App”，通过 App 输入车架号，就可以查询二手车以往的维修保养记录。

（1）进入查询系统。点击进入查询系统，并在相应栏内填入密码。

（2）进入车辆系统。进入系统后，在界面内输入要查询车辆的信息：车架号、车牌号或车主手机号，进入该车系统。

（3）查询车辆维修、保养信息。根据系统显示，了解车辆维修、保养情况。

思政之窗

在社会主义核心价值观的引领下，广大青年学子必须具备以下几方面的素质：其一，正确的世界观和科学的人生观，为思想和行为提供坚实指引。其二，全面提升理想、文化、道德和纪律等方面的素养，塑造健全的人格。此外，大学生还需具备宽厚扎实、系统全面的知识基础和专业技能，以适应快速变化的社会需求。同时，良好的心理素质和强健的体魄也是不可或缺的，确保在面对挑战时能够保持稳定的心态和健康的身体状态。

在职业领域，大学生应展现出爱岗敬业、乐于奉献的精神风貌，并踏实投入到各项工作中。此外，还需具备开拓创新的能力，以及出色的分析和解决问题的能力，以应对工作中遇到的各种复杂情况。这些素质将助力大学生在未来的职业生涯中取得卓越成就，为社会的繁荣和发展贡献青春力量。

课后习题

一、选择题

1. 车辆购置税的征收标准，按车辆计税价的（　　）计征。

A. 10%　　B. 12%　　C. 20%　　D. 15%

2. 正常的汽油发动机排出的气体应该是（　　）的。

A. 蓝色　　B. 黑色　　C. 无色　　D. 白色

3. 下列那个不是二手车交易必须提供税费单据（　　）。

A. 车辆购置税　　B. 车船税　　C. 机动车保险税　　D. 报关税

4. 蓄电池的使用寿命一般在（　　）。

A. 3 年左右　　B. 2 年左右　　C. 4 年左右　　D. 5 年左右

5. DMS 系统分为销售、售后、配件和（　　）四个环节。

A. 财务　　B. 交易　　C. 税收　　D. 检验

二、填空题

1. 老化是由于零件材料在物理、化学和＿＿＿＿＿＿的影响下，而逐渐变质或损坏的故障形式。

2. 汽车停放在平坦场地上，如有横向或纵向歪斜等现象，即为＿＿＿＿＿＿。

3. 防冻冷却液能够帮助发动机__________，同时还有防锈、防腐的能力。

4. __________是由于零件承受超过材料的疲劳极限的循环应力时，而产生的损坏。

5. 轮胎花纹深度尺有__________和__________两种。

项目四 二手车动态检查

项目概述

二手车动态检查是指汽车在工作状态下进行的各项检查，又称为车辆路试检查。动态检查主要目的是，在一定条件下，通过对汽车各种工况，如发动机起动、怠速、起步、加速、匀速、滑行、强制减速、紧急制动、从低速挡到高速挡、从高速挡到低速挡的行驶，检查汽车的操纵性能、制动性能、滑行性能、加速性能、噪声和废气排放情况，以鉴定二手车的技术状况。

本项目介绍二手车的动态检查，包含以下两个任务。

任务一：二手车常规动态检查。

任务二：其他方面的动态检查。

通过以上两个任务的学习，帮助读者掌握二手车的动态检查、熟练的对汽车的操纵性能进行检查。

学习目标

知识目标

◆ 掌握路试前的准备工作。

◆ 掌握发动机性能检查的方法和技巧，能正确评价发动机的起动性能、怠速性能、加速性能和排放性能。

◆ 掌握汽车路试检查的方法和技巧，能正确评价汽车的动力性、制动性、行驶平稳性，能判断汽车的故障症状和原因。

◆ 掌握自动变速器路试检查方法，能正确评价自动变速器的性能。

能力目标

◆ 能够进行建筑工程的施工测量。

素质目标

◆ 培养学生分析事物的能力。

◆ 培养学生的探索精神、创新精神。

思政目标

◆《二手车鉴定与评估》课程具有强烈的实践性和现实性特点，为了有效培养学生的职业能力和满足岗位需求，必须让学生深入了解二手车市场情况，并通过实践操作来加强其技能水平。同时，老师还需要将科学的教学方法与教学任务紧密结合，确保学生能够全面掌握二手车鉴定与评估的核心知识和技能。在考核方式上，老师也必须采用科学合理、切实可行的方式，以确保评估结果的准确性和公正性。通过这些措施的实施，我们将能够培养出具有一定职业能力的二手车鉴定评估人才，为行业的发展提供坚实的人才保障。

任务工单

鉴定二手车动态技术

学院		专业	
姓名		学号	

一、接受工作任务

对二手车的动态检查是指对车辆进行路试检查，请二手车鉴定评估师小李完成车辆的动态检查作业流程。

二、信息收集

动态检查前，应该做哪些准备工作？

____

____

三、制订计划

根据动态检查要点，制订动态技术鉴定的工作计划。

四、计划实施

请完成车辆动态检查作业，并记录信息（车辆动态检查可在二手车鉴定评估仿真实训系统中进行）。

1．检查制动踏板

	检查项目及结果	
 车辆未启动	踩下制动踏板、保持5 ~ 10 s	踏板是否无向下移动：□是 □否 结果描述：______________________________ ______________________________
 起动发动机	踩住制动踏板起动发动机，踏板是否向下移动	踏板是否向下移动：□是 □否 结果描述：______________________________ ______________________________

（续表1）

2．检查发动机运转、加速

	检查项目及结果	
 启动车辆	平稳踩住加速踏板	发动机状态：□正常　□异常 车速变化：□正常　□异常 结果描述：____________

3．检查变速器工作

	检查项目及结果	
 起动发动机	变速杆在不同挡位之间切换	变速器工作是否正常：□是　□否 变速器是否异响：□是　□否 结果描述：____________
	自动挡车型拨至D位，加速至60 km/h	发动机转速：□正常　□异常 有无缺挡：□有　□无 无法进挡：□有　□无 结果描述：____________

4．检查车辆底盘传动系统

	检查项目及结果	
 启动车辆	自动挡车型拨至D位，匀速行驶车辆	底盘异响：□有　□无 结果描述：____________

5．检查车辆转向部位

	检查项目及结果	
 启动车辆	自动挡车型拨至D位，车速不用太快，进行转向极限操作	1．转向盘转向一侧极限 车头异响：□有　□无 转向盘振动、抖动：□有　□无 2．转向盘转向另一侧极限 车头异响：□有　□无 转向盘转动、抖动：□有　□无 结果描述：____________

6．检查行驶是否跑偏

	检查项目及结果	
 启动车辆	自动挡车型拨至D位，解除驻车制动，踩下加速踏板，直线行驶，双手短暂放离转向盘	车辆跑偏：□是　□否 结果描述：____________

（续表 2）

7．检查行车制动

	检查项目及结果	
 启动车辆	自动挡车拨至 D 位，解除驻车制动，踩下加速踏板，直线行驶稳定后，踩下制动踏板	行车制动系统最大制动效能在踏板全行程的 4/5 以内达到：□是　□否 结果描述：______________
	车速 40 km/h 时，紧急制动	制动距离：□正常　□异常 ABS 工作状态：□正常　□异常 制动跑偏：□是　□否 结果描述：______________

五、质量检查

请实训指导教师检查作业结果。

序号	检查项目	检查结果是否与实车实际相符	
		相符	不相符
1	车辆起动前踩下制动踏板，保持 5~10 s，踏板是否无向下移动的现象		
2	踩住制动踏板起动发动机，踏板是否向下移动		
3	发动机运转、加速是否正常		
4	变速器工作是否正常、无异响		
5	行驶中车辆底盘部位是否无异响		
6	行驶过程中车辆转向机构是否无异响		
7	行驶是否跑偏		
8	行车制动系统最大制动效能在踏板全行程的 4/5 以内达到		
9	制动系统工作是否正常有效、制动不跑偏		

六、评价反馈

请根据自己在本次任务中的实际表现进行评价。

序号	评分标准	评分分值	得分
1	明确工作任务，理解任务在企业工作中的重要程度	5	
2	掌握工作相关知识及检查要点	5	
3	能够对车辆制动踏板进行检查	15	
4	能够对车辆发动机进行检查	10	
5	能够对车辆变速器进行检查	15	
6	能够对车辆底盘传动系统进行检查	10	
7	能够对车辆转向机构进行检查	15	
8	能够对行驶过程中的车辆进行检查	10	
9	能够对车辆制动系统进行检查	15	
合计（总分 100 分）			

任务一　二手车常规动态检查

二手车常规动态检查

一、动态检查的主要内容

二手车的动态检查是指在发动机起动状态下，检查车辆的技术状况，包括车辆起动状态检查、怠速检查和路试。路试的主要目的是在一定条件下，通过机动车各种工况，检查汽车的操纵性能、制动性能、滑行性能、加速性能、噪声和废气排放情况，以鉴定二手车的技术状况。

二、路试前的准备

1. 检查机油油位

检查之前应将车停放在平坦的场地上。将点火开关钥匙拧到关闭位置，拉起驻车制动，变速杆置于空挡位置。打开发动机舱盖，抽出机油尺，将机油尺用抹布擦净油迹后，插入机油尺导孔，拔出查看。油位在上下刻线之间，即为合适，如图 4–1 所示。

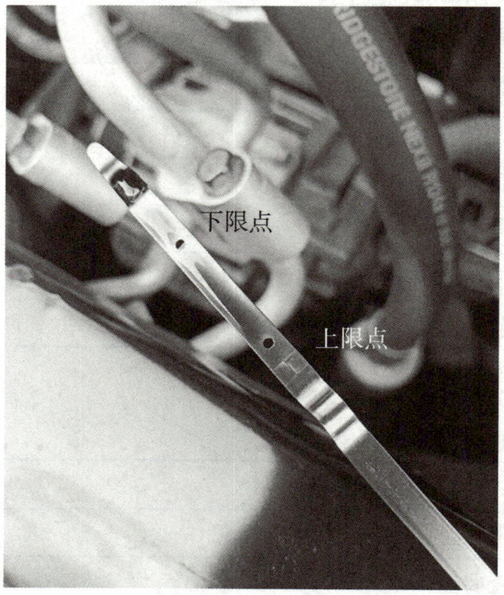

图 4–1　检查机油尺

2. 检查冷却液液位

检查冷却液时，对于没有膨胀水箱的冷却系统，可以打开散热器盖进行检查，要求液面不低于排气孔 10 mm。如果使用防冻液，要求液面高度应低于排气孔 50 ~ 70 mm（这是为了防止防冻液因温度升高而溢出）；对于装有膨胀水箱的冷却系统，应检查膨胀水箱的冷却液是否在规定刻线（MIN ~ MAX 之间）。检查水量时，应在冷车状态下进行，检查应扣紧散热器盖，如图 4–2 所示。

3. 检查制动液液位

正常制动液位置应在贮液罐的上限（MAX）与下限（MIN）刻线之间或标定位置处。

4. 检查离合器液压油液位

检查离合器液压油液位高度的方法与检查制动液相同。离合器储液室液压油液位应在 MAX 和 MIN 之间。

5. 检查动力转向油的油量

首先，将动力转向储油罐的外表擦干净；然后，再将加油口盖从贮油罐上取下，用干净的布块将油标尺上的油擦干净，重新将油标尺装上（检查时，不要拧紧加油口盖）；最后，取下油标尺，检查油平面。在检查或添加动力转向油时，应检查油质情况，发现变质或污染时应及时更换，如图 4-3 所示。

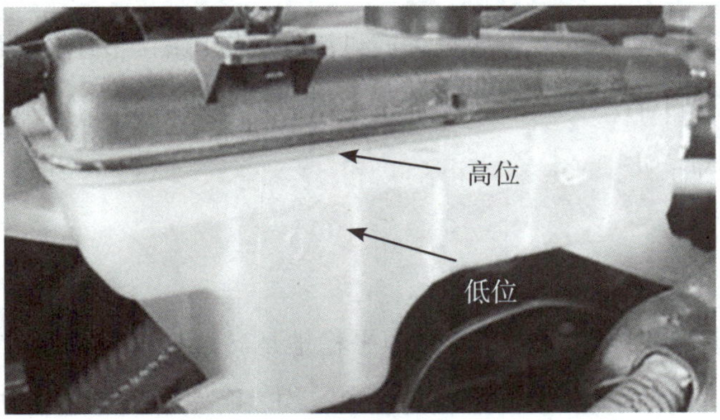

图 4-2　检查冷却液液位

图 4-3　检查动力转向油

6. 检查燃油箱的油量

打开点火开关，观察燃油表，了解油箱大致储油量。

7. 检查冷却风扇传动带

检查冷却风扇传动带的紧度，用拇指以 90 ~ 100 N 的力按压传动带中间部位时，挠度应为 10 ~ 15 mm。如不符合要求，可调节发动机支架固定螺栓的位置进行调整。

8. 检查制动踏板

踩下制动踏板 25 ~ 50 mm，应感到坚实而没有松软感。另外，还要检查驻车制动是否工作，是否能将汽车稳固地保持住，如图 4-4 所示。

9. 检查轮胎气压

拧开轮胎气嘴的防尘帽，用轮胎气压表测量轮胎气压，轮胎的气压应符合规定，如图 4-5 所示。

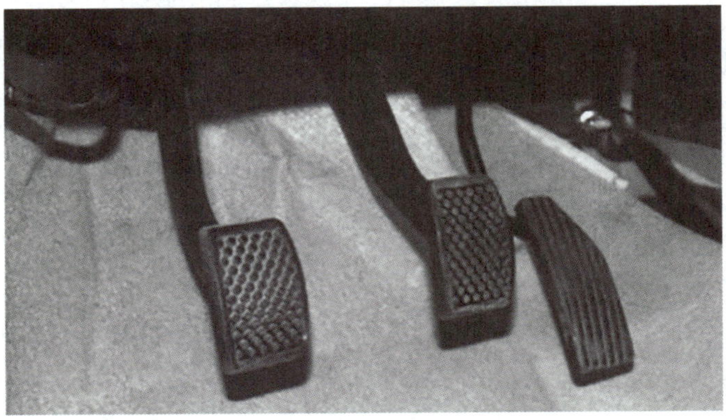
图 4-4　检查制动踏板

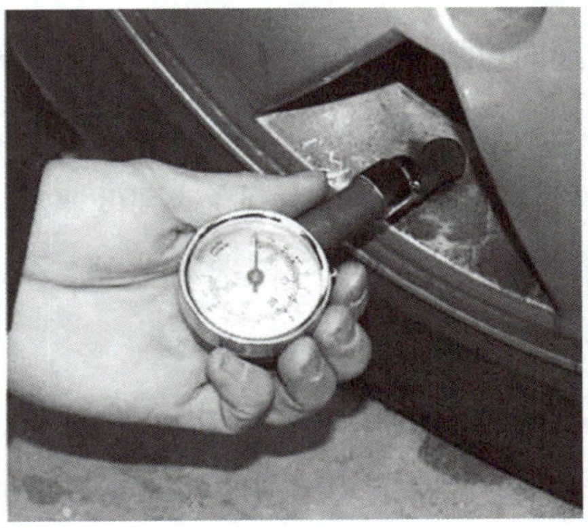
图 4-5　测量胎压

三、发动机工作状况的检查

1. 发动机起动状况的检查

在正常情况下，用起动机起动发动机时，需在3次内起动成功。起动时，每次时间不超过5 s，再次起动时间要间隔15 s以上。如果发动机不能正常起动，说明发动机的起动性能不好。若由于发动机曲轴不能转动而导致发动机无法起动，其原因可能是蓄电池电量不足或起动机工作不良，也可能是发动机运转阻力过大。检查发动机起动阻力时，需拆下全部火花塞或喷油器，人工转动曲轴，检查转动阻力。

若起动时曲轴能正常转动，但发动机起动仍很困难，对于汽油发动机，其原因可能是点火系统点火不正时、火花塞火花弱或无火花；燃油系统工作不良，使得混合气过稀或过浓；气缸压缩压力过低等。对于柴油发动机，除了气缸压缩压力过低外，燃油中有水或空气，输油泵、喷油泵和喷油器工作不良，燃油系统管路堵塞等，均可能导致发动机起动困难。

2. 发动机无负荷时的检查

（1）检查发动机怠速运转情况

发动机起动后，使其怠速运转，此时发动机应在规定的怠速范围内平稳地运转，转速波动应小于50 r/min。当发动机怠速时，若出现转速过高、过低和发动机抖动严重等现象，均表明发动机怠速不良，引起发动机怠速不良的原因很多。

对于汽油机，怠速不良的原因主要有点火正时、气门间隙、配气正时和怠速阀调整不当，真空漏气。曲轴箱通风系统（单向阀不密封或卡阻、怠速时不能关闭等）、废气再循环系统、点火系统和供油系统等均可能引起怠速不良。有的汽车怠速不良是顽症，可能生产厂家都无法解决，二手车鉴定评估师应予以重视。

对于柴油机，怠速不良的原因主要有供油正时、气门间隙、配气正时或怠速调整不当；燃油中有水、空气或黏度不符合要求；各缸的柱塞、出油阀偶件和喷油器工况不一致，或者是调速器松旷、锈蚀和弹簧疲劳失效等因素，导致各缸的喷油量不一样；或者各缸的压缩压力不一致等。当发动机怠速运转时，同时检查各仪表的工作状况和电源系统充电情况。

（2）检查急加速性

等到冷却液温度和油温正常后，通过改变节气门开度，检查发动机在各种转速下运转是否平稳，改变转速时过渡应圆滑。快速踩下加速踏板，发动机由怠速状态猛加速，观察发动机转速是否可以迅速由低速到高速灵活反应，发动机应无“回火”“放炮”现象。当加速踏板踩到底时，立即释放加速踏板，发动机转速是否能迅速由高速到低速灵活反应，发动机不得怠速熄火。发动机加速运转过程中，检查发动机有无“敲缸”及气门运动噪声。在规定转速下，发动机机油压力应符合有关规定。

3. 发动机传动带的检查

发动机传动带出现老化属正常现象，更换后的传动带每20 000 km检查一次即可，如图4-6、图4-7所示。张紧轮、惰轮出现的问题大多是轴承磨损过度，如着车后听到发动机舱内传出尖锐的“吱吱”声，有可能该更换张紧轮、惰轮了。

图 4–6　普通传动带的检查

图 4–7　发动机正时带的检查

传动带出现了比较明显的裂痕，这种情况比较危险。由于传动带的纹路在内侧，所以对于车主来说不太容易检查到，按照适当的里程数更换即可。

4. 发动机的机脚垫的检查

发动机的机脚垫也是损耗件，一般是 70 000 km 左右更换一次，机脚垫固定发动机并起到减振缓冲的作用，坏了之后有明显的抖动或者响声（图 4–8）。

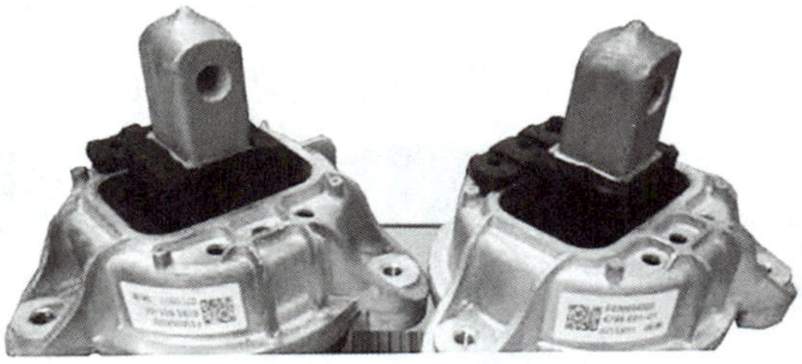

图 4–8　发动机机脚垫

5. 发动机水泵和节温器的检查

图 4–9 为发动机冷却系统的结构，水泵是发动机冷却液循环系统的动力源泉。节温器是控制冷却液流向的阀门。水泵或节温器如果出现问题，发动机将无法正常工作，很可能会出现"烧损缸垫"（冷却液局部热膨胀窜入发动机气缸）等一系列后果，甚至导致发动机报废。这两个部件出现问题多表现为发动机冷却液温度或高或低、不在正常范围内，通过冷却液温度表可轻松看出。

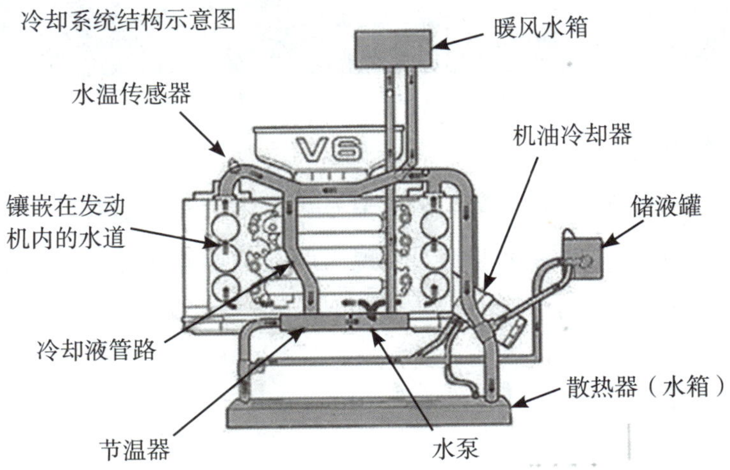

图 4–9　发动机冷却系统的结构

发动机水泵与节温器通常不易坏，损坏后更换即可，两者皆包括机械式与电子式的类型，不同发动机差距较大。

四、底盘状况的动态检查

悬架系统出问题也会直接关联到车辆的行驶安全。悬架一般每 20 000 km 应进行检修。轻微变形会导致车辆跑偏或轮胎磨损加重，变形严重的话可能在过坑、过坎时出现断轴等现象。而对于悬架上的检修一定要找专业店解决。

检查二手车各拉杆、支撑臂是否有明显变形或磕碰的痕迹，悬架拉杆或支撑臂出现变形是非常可怕的，它直接影响车辆的动态安全性。一些较大的痕迹看起来没什么问题，但受损件的强度却要弱很多，甚至在受到二次冲击时导致断轴等现象的发生。所以，出现这样的状况应直接更换相应部件。

1. 二手车转向球头性能的检查

检查二手车球头是否有老化现象，老化的球头因磨损加重，轻则发出“吱吱”声，严重时容易卡死，导致拉杆承受本不应该承受的其他方向的力矩，出现变形等情况，如图 4–10 所示。检查球头时主要查看球头橡胶垫是否严重开裂，若老化严重则应及时更换。更换时注意检查球头内的磨损情况。

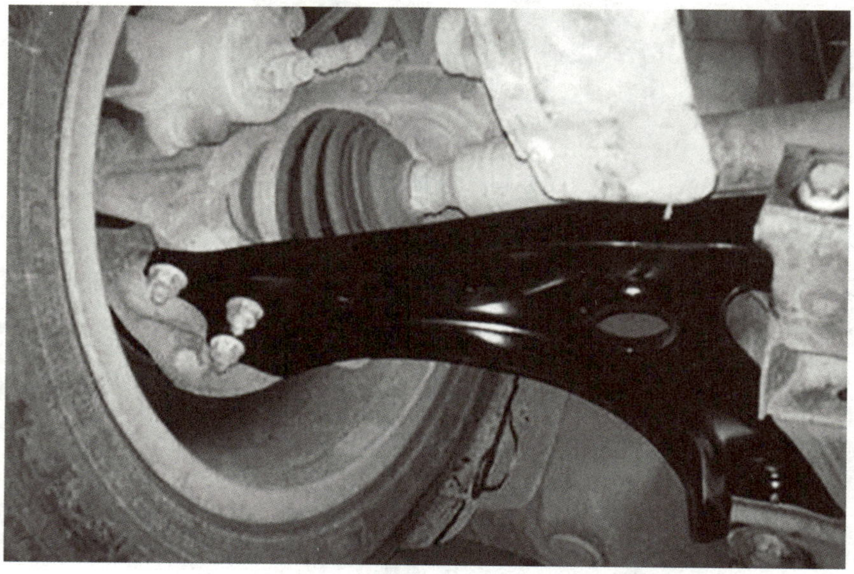

图 4–10　检查球头、橡胶垫是否老化

2. 车辆性能的动态测试

通过驾驶车辆正常驶过减速带来检验车辆悬架系统及内饰是否会出现“松散”的感觉，以及是否有明显的异响。如果车辆在过减速带时“表现出明显的颠簸不稳定”，那就不要考虑接手了（图 4–11）。

图 4-11　车辆通过减速带测试车辆的性能

3. 二手车变速器油的检查

变速器油的检查大多是通过自动变速器油尺（图 4-12）来进行的，油尺标有最高油位和最低油位刻度，如果油量在这两个刻度之间就是正常的。如果油位过低，则表示应该加油了，但也可能表示这辆车已有漏油的情况产生。检查变速器油最重要的是查看油是否变色。一般来说，变速器油呈现红色，如果发现变成棕色，则表示该车的变速器可能发生了故障。如果闻到焦味，表示变速器磨损情况严重，一旦买回此类车，可能需要花费不小的维修费用。

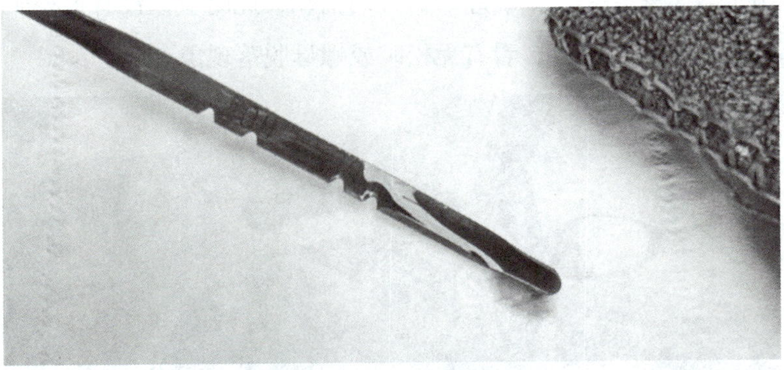

图 4-12　自动变速器油尺

可以在车辆怠速状态下踩住制动踏板挂挡，从 P 挡挂到 R 挡，再从 R 挡挂入 D 挡，以此类推，看变速器在切换过程中是否存在“蹿挡”的现象。如果在挡位间切换时发现车辆出现了明显的震动，说明这辆车的变速器可能存在问题，或者变速器油很久没换了。

4. 二手车的底盘剐蹭及扭曲变形的检查

底盘是非常容易受伤的部位，一般托底造成的轻微剐蹭不必担心，但如果将底盘部件挤压变形那就要进行修复了。变形的支撑件难以为脚踏板提供有效、可靠的支撑。

一般托底造成的损伤很容易看出来，单个部件损伤变形可以直接更换，如果底盘发生扭曲变形，就只能大修处理。

5. 差速器与传动轴的检查

对底盘系统中的差速器与传动轴要进行检修、维护。检修时可将差速器内的专用润滑油少量放出，根据润滑油的浑浊程度酌情更换。另外，对传动轴万向节要定期注入润滑脂。

差速器油，不同的车型有不同的更换周期。同品牌下的车，有的开 80 000 km 都不用更换，而有的开 30 000 km 就已经有不少油泥了。所以，购买二手车后还是要根据实际车况决定是否换油。

6. 半轴油封、球笼等部位的检查

一些部件如半轴、差速器等的轻微渗油应引起注意。可在行驶一段时间后再做观察。半轴油封、球笼等部位的更换，一般 100 000 km 之内不会出现过多渗漏。更换润滑油、油封、球笼后每 20 000 km 检查一次即可。单次更换一般可使用 60 000 km 左右。

如果内部的滑轮或半轴本体磨损严重，漏油还不注意维护就容易产生干磨损，那就要对整个半轴进行更换了。如果发现悬架有异响，也有可能是半轴这里产生的。

7. 二手车转向系统性能的检查

（1）方向盘自由行程检查

将车辆停放在平坦路面上，使车辆处于直线行驶方向，左右转动方向盘，从中间位置向左或向右时，方向盘游动间隙不应该超过 15°，如图 4-13 所示。如果是带转向助力的车辆，最好在起动发动机后做检查。如果方向盘的间隙过大，就需要对转向系统各部分间隙进行调整，这是需要到修理厂进行的工作。

（2）转向系统传动间隙检查

可以用两手握住方向盘，采用上、下、左、右方向摇动，此时应该没有很松旷感，如果很松旷，就需要调整转向轴承、横拉杆、直拉杆等，看有无松旷或螺母脱落现象。

图 4-13　方向盘自由行程检查

8. 二手车加速踏板的检查

观察加速踏板是否磨损过度，若磨损严重，说明此车行驶里程已很长。踩下加速踏板，试试踏板有无弹性，判断相应部位好坏（图 4-14）。若踩下很轻松，说明节气门拉线松弛，需要检修。若踩下加速踏板较费劲，说明节气门拉线有阻滞、破损，可能需要更换。

图 4-14　加速踏板的检查

9. 二手车制动踏板的检查

检查制动踏板的踏板胶皮是否磨损过度，通常制动踏板胶皮寿命是 30 000 km 左右，如果换了新的，说明此车已经行驶了 30 000 km 以上。

用手轻压制动踏板，自由行程应为 10 ~ 20 mm 范围内，否则应调整踏板自由行程；完全踩下制动踏板时，制动踏板与地板之间应有一定的距离。踩下液压制动系统的制动踏板时，踏板反应要适当，过软说明制动系统有故障。空气制动系统气路中的工作气压必须符合规定。

10. 离合器工作情况的检查

正常的离合器应该是接合平稳，分离彻底，工作时不得有异响、抖动和不正常打滑现象。踏板自由行程应符合机动车技术条件的有关规定。自由行程过小，一般说明离合器摩擦片磨损严重。踏板力应与该型号车辆的踏板力相适应。各种车辆的踏板力应不大于 300 N。

离合器常出现的故障为打滑和分离不彻底，有的还有异响。这些故障会导致起步困难、行驶无力、爬坡困难、变速器齿轮发出刺耳的撞击声、起步时车身抖动等现象。

（1）离合器分离不彻底的检查

在发动机怠速状态时，踩下离合器踏板几乎触底时，才能切断离合器；或是踩下离合器踏板，感到挂挡困难或变速器齿轮出现刺耳的撞击声；或挂挡后不抬离合器踏板，车子开始行进，表明该车的离合器分离不彻底。分离不彻底的原因是：离合器踏板自由行程过大、离合器压盘限位螺钉调整不当，或是更换了过厚的离合器摩擦片、离合器分离杠杆不在同一平面上等。

（2）离合器打滑的检查

如果离合器打滑，会出现起步困难、加速无力、重载上坡时有明显打滑甚至发出难闻气味等现象。比如在挂上 1 挡后，慢抬离合器车子没反应，发动机也不熄火，就是离合器打滑的表现。打滑的原因是：离合器踏板自由行程太小、分离轴承经常压在膜片弹簧上，使压盘总处于半分离状态；离合器压盘弹簧过软或有折断；离合器与飞轮连接的螺钉松动等。

（3）离合器异响的检查

如果在使用离合器过程中出现异响也是不正常的。响声形成原因大部分都是离合器内部的零件有损坏，这肯定需要进修理厂了。异响的故障原因是：分离轴承磨损严重、轴承回位弹簧过软或折断、膜片弹簧支架有故障等。

（4）离合器自由行程的检查

当踩下离合器踏板到 $\frac{3}{4}$ 时，离合器就应该彻底分离。检查其行程是否合适，可以用钢直尺在踏板处测量，先测出踏板最高位置高度，再测出踩下踏板到感到有阻力时的高度，两个数值的差就是该车离合器自由行程数值，如果不符合要求就需要及时调整。

11. 二手车变速器工作性能的检查

如图 4–15 所示，检查变速器是否轻便灵活，是否有异响，互锁和自锁装置是否有效，是否有乱挡现象，加减车速是否有跳挡现象。同时，换挡时变速杆不得与其他部件干涉。自动变速器的车辆在平坦的路面起步一般不要踩加速踏板，如果需要踩加速踏板才能起步，说明自动变速器保养不好，或已到保修里程；检查自动变速器是否有换挡迟滞现象，自动变速的车辆换挡时应该无明显的感觉，如果感觉车辆在加减速时有明显的发“冲”现象，说明自动变速器保养不好，或已到大修里程。

图 4–15　变速器工作性能的检查

五、手动变速器汽车的路试检查

汽车路试一般行驶约 20 km，通过一定里程的路试检查汽车的工况。

1. 检查离合器的工作状况

按正常汽车起步方法操纵汽车，使汽车挂挡平稳起步，检查离合器的工作情况。正常情况下，离合器应接合平稳，分离彻底，工作时无异响、抖动和不正常打滑等现象。踏板自由行程符合汽车技术条件的有关规定，一般为 30 ~ 45 mm。

如果离合器摩擦片发抖或有异响，说明离合器内部有零部件损坏，应立即结束路试。

2. 检查变速器的工作状况

在路试中，从起步加速到高速挡，再由高速挡减至低速挡，检查变速器换挡是否轻便灵活、是否有异响、互锁和自锁装置是否有效、是否有乱挡现象、加速车速是否有掉挡现象。换挡时变速杆不得与其他部件干涉。

在换挡时，变速器齿轮发出响声说明变速器换挡困难，这是变速器常见的故障。一般由于变速传动机构失调、换挡叉轨变形或锈蚀、同步器损坏所致。对于变速传动机构失调或锈蚀，尤其是远程换挡机构，只需重新调整即可。对于同步器损坏，需要更换同步器，费用较高。

在汽车行驶过程中，急速踩下加速踏板或汽车受到冲击时，变速杆自行回到空挡，即为掉挡。当变速器出现掉挡时，说明变速器内部磨损严重，需要更换磨损的零部件，才能恢复正常的性能。

在路试中，如果换挡后出现变速杆发抖现象，说明汽车变速器的使用时间很长，变速器操纵机构的各个铰链处磨损松旷，使变速杆处的间隙过大。

3. 检查汽车动力性能

汽车起步后，加速行驶，猛踩加速踏板，检查汽车的加速性能。通常，急加速时，发动机发出强劲的轰鸣声，车速迅速提升。通过路试检查出被检汽车的加速性能与正常的该车型加速性能的差距。

检查汽车的爬坡性能，检查汽车在相应的坡道上使用相应挡位时的动力性能，是否与经验值相近，是否正常。检查汽车是否能达到原设计最高车速。

4. 检查汽车制动性能

汽车起步后，先轻踩一下制动踏板，检查是否有制动；将车加速至 20 km/h 时做一次紧急制动，检查制动是否可靠，有无跑偏、甩尾现象；再将车加速至 50 km/h，先用点制动的方法检查汽车是否立即减速、是否跑偏，再用紧急制动的方法检查制动距离和跑偏量。

当踩下制动踏板时，若制动踏板或制动鼓发出冲击或刺耳声，说明制动摩擦片可能磨损，路试结束后应检查制动摩擦片的厚度。

若踩下制动踏板有踩海绵感，说明制动管路进入空气，或制动系统某处有泄漏，应立即停止路试。

5. 检查汽车行驶稳定性

车速以 50 km/h 直线行驶，双手松开转向盘，观察汽车行驶状况。此时，汽车应继续直线行驶且有不明显地转向。无论汽车转向哪一边，都说明汽车的转向轮定位不准，或车身、悬架变形。

车速以 90 km/h 以上车速高速行驶，观察转向盘有无摆动现象，即“汽车摆头”。若汽车有高速摆头现象通常意味着存在严重的车轮不平衡或不对中问题。

选择宽敞的路面，左右转动转向盘，检查转向是否灵活、轻便。转向盘最大自由转动量不允许大于 20°（最高设计车速不小于 100 km/h 的机动车）。若转向盘的自由转动量过大，说明转向机构磨损严重，使转向盘的游动间隙过大，从而造成转向不灵。

6. 检查汽车行驶平顺性

将汽车开到凹凸路面行驶，或通过铁轨，或通过公路有伸缩接缝的路段，感受汽车的行驶平顺性和乘坐舒适性。

当汽车转弯或通过不平的路面时，倾听是否有从汽车前端发出忽大或忽小的“嘎吱”声或低沉噪声，这可能是滑柱或减震器紧固装置松了，或轴衬磨损严重。汽车转弯时，若车身侧倾过大，可能是横向稳定杆衬套或减震器磨损严重。

在前轮驱动汽车上，前面发出“咯哒”声、沉闷金属声、“滴答”声，可能是万向节已磨损，需要维修。万向节维修费用昂贵，和变速器大修费用差不多。

7. 检查汽车滑行能力

在平坦的路面上，进行汽车滑行试验。将汽车加速至 30 km/h 左右，踏下离合器踏板，将变速器挂入空挡滑行，其滑行距离应符合表 4-1 的要求。否则，说明汽车传动系统的传动阻力大，传动效率低，油耗增大，动力不足。汽车越重，其滑行距离越长。初始车速越高，其滑行距离越长。

将汽车加速至 40 ~ 60 km/h，迅速抬起加速踏板，检查有无明显的金属撞击声，如果有，说明传动系统间隙过大。

表 4-1　车辆滑行距离要求

汽车整备质量 M/kg	双轴驱动车辆滑行距离 /m	单轴驱动车辆滑行距离 /m
$M < 1\,000$	≥ 104	≥ 130
$1\,000 \leqslant M \leqslant 4\,000$	≥ 120	≥ 160
$4\,000 < M \leqslant 5\,000$	≥ 144	≥ 180
$5\,000 < M \leqslant 8\,000$	≥ 184	≥ 230
$8\,000 < M \leqslant 11\,000$	≥ 200	≥ 250
$M > 11\,000$	≥ 214	≥ 270

8. 检查风噪声

逐渐提高车速，使汽车高速行驶，倾听车外风噪声。风噪声过大，说明车门或车窗密封条变质损坏，或车门变形导致密封不严，尤其是整形后的事故车容易出现此类现象，如图 4-16 所示。

通常，车速越高，风噪声越大。对于空气动力学性能好的汽车，其密封和隔声性能好，风噪声较小；而对于空气动力学性能较差的汽车，或整形后的事故车，风噪声一般较大。

图 4-16　检查车窗密封条

9. 检查驻车制动

选一坡路，将汽车停在坡中，拉上驻车制动，观察汽车是否停稳，有无滑溜现象。通常驻车制动力不应小于整车重量的 20%。

六、自动变速器汽车的路试检查

1. 自动变速器汽车路试前的准备工作

在路试前，先保持汽车以中低速行驶 5 ~ 10 min，让发动机和自动变速器都达到正常工作温度。

2. 检查自动变速器升挡

将变速杆拨至前进挡（D 位），踩下加速踏板，使节气门保持在 $\frac{1}{2}$ 开度左右，让汽车起步加速，检查自动变速器的升挡情况。自动变速器在升挡时发动机会有瞬时的转速下降，同时车身有轻微的颤动感。正常情况下，随着车速的升高，试车者应能感觉到自动变速器能顺利地由 1 挡升入 2 挡，随后再由 2 挡升入 3 挡，最后升入超速挡。若自动变速器不能升入高挡（3 挡或超速挡），说明控制系统或换挡执行元件有故障。

3. 检查自动变速器升挡车速

将变速杆拨至前进挡（D 位），踩下加速踏板，并使节气门保持在某一固定开度，让汽车加速。当察觉到自动变速器升挡时，记下升挡车速。一般 4 挡自动变速器在节气门开度保持 $\frac{1}{2}$ 时由 1 挡升至 2 挡的升挡车速为 25 ~ 35 km/h，由 2 挡升至 3 挡的升挡车速为 55 ~ 70 km/h，由 3 挡升至 4 挡（超速挡）的升挡车速为 90 ~ 120 km/h。只要升挡车速基本保持在上述范围内，而且汽车行驶中加速良好，无明显的换挡冲击，都可以认为其升挡车速基本正常。

升挡车速太低一般是控制系统故障所致；换挡车速太高则可能是控制系统或是换挡执行元件的故障所致。

4. 检查自动变速器升挡时发动机转速

在正常情况下，若自动变速器处于经济模式或普通模式，节气门保持在低于 $\frac{1}{2}$ 开度范围内，则在汽车由起步加速直至升入高速挡的整个行驶过程中，发动机转速都低于 3 000 r/min。通常在加速至即将升挡时发动机转速可达到 2 500 ~ 3 000 r/min，在刚刚升挡后的短时间内发动机转速下降至 2 000 r/min 左右，如果在整个行驶过程中发动机转速始终过低，加速至升挡时仍低于 2 000 r/min，说明升挡时间过早或发动机动力不足；如果在行驶过程中发动机转速始终偏高，升挡前后的转速在 2 500 ~ 3 000 r/min，而且换挡冲击明显，说明升挡时间过迟；如果在行驶过程中发动机转速过高，经常高于 3 000 r/min，在加速时达到 4 000 ~ 5 000 r/min，甚至更高，说明自动变速器的换挡执行元件（离合器或制动器）打滑，需要拆修自动变速器。

5. 检查自动变速器换挡质量

换挡质量的检查内容主要是检查有无换挡冲击。正常的自动变速器只能有不太明显的换挡冲击，特别是电子控制自动变速器的换挡冲击十分微弱。若换挡冲击太大，说明自动变速器的控制系统或换挡执行元件有故障，其原因可能是油路油压过高或换挡执行元件打滑，需要维修。

6. 检查自动变速器的锁止离合器工作状况

让汽车加速至超速挡，以高于 80 km/h 的车速行驶，并让节气门开度保持在低于 $\frac{1}{2}$ 的位置，使变矩器进入锁止状态。此时，快速将加速踏板踩下至 $\frac{2}{3}$ 开度，同时检查发动机转速的变化情况。若发动机转速没有太大变化，说明锁止离合器处于接合状态；反之，若发动机转速升高很多，表明锁止离合器没有结合，其原因通常是锁止控制系统有故障。

7. 检查发动机制动功能

检查自动变速器有无发动机制动作用时，应将变速杆拨至低挡（S、L 或 2、1 位），在汽车以 1 挡或 2 挡行驶时，突然松开加速踏板，检查是否有发动机制动作用。若松开加速踏板后车速立即随之下降，说明有发动机制动作用；否则，说明控制系统或前进强制离合器有故障。

8. 检查自动变速器强制降挡功能

检查自动变速器强制降挡功能时，应将变速杆拨至前进挡（D 位），保持节气门开度为 $\frac{1}{3}$ 左右，在以 2 挡、3 挡或超速挡行驶时突然将加速踏板完全踩到底，检查自动变速器是否被强制降低一个挡位。在强制降挡时，发动机转速会突然上升至 4 000 r/min 左右，并随着加速升挡，转速逐渐下降。若踩下加速踏板后没有出现强制降挡，说明强制降挡功能失效。若在强制降挡时发动机转速上升过高，达 5 000 ~ 6 000 r/min，并在升挡时出现换挡冲击，说明换挡执行元件打滑，需要拆修。

七、二手车制动性能的检查

1. 制动性能检测的技术要求

《机动车运行安全技术条件》（GB 7258–2017）规定，汽车制动性能和应急制动性能的路试检测，应在平坦、硬实、清洁、干燥且轮胎与地面间附着系数不小于 0.7 的水泥或沥青路面上进行。检验时，发动机与传动系统分离。汽车在规定初速度下的制动距离和制动稳定性要求应符合的规定，见表 4–2。紧急制动性能要求应符合的规定，见表 4–3。

表 4–2　制动距离和制动稳定性要求

汽车类型	制动初速度 /（km/h）	满载检验制动距离 /m	空载检验制动距离 /m	试验通道宽度 /m
三轮汽车	20	≤ 5.0		2.5
乘用车	50	≤ 20.0	≤ 19.0	2.5
总质量不大于 3 500 kg 的低速汽车	30	≤ 9.0	≤ 8.0	2.5
其他质量不大于 3 500 kg 的低速汽车	50	≤ 22.0	≤ 21.0	2.5
其他汽车	30	≤ 10.0	≤ 9.0	3.0
两轮摩托车	30	≤ 7.0		—
边三轮摩托车	30	≤ 8.0		2.5
正三轮摩托车	30	≤ 7.5		2.3
轻便摩托车	20	≤ 4.0		—
轮式拖拉机运输机组	20	≤ 6.5	≤ 6.5	3.0
手扶变型运输机	20	≤ 6.5		2.3

表 4–3　紧急制动性能要求

汽车类型	制动初速度 /（km/h）	制动距离 /m	充分发出的平均减速度 /（m/s^2）	允许操纵力	
				手操纵	脚操纵
三轮汽车	50	≤ 38.0	≥ 2.9	400	500
乘用车	30	≤ 18.0	≥ 2.5	600	700
其他汽车（三轮汽车除外）	30	≤ 20.0	≥ 2.2	600	700

2. 二手车行车制动性能检查方法

如果制动跑偏，很可能是同一车桥上的两个车轮制动力不等；或者是制动力不能同时作用在两个车轮上所导致的。故障原因可能由于轮胎气压不一致；或是制动鼓（盘）与摩擦片间隙不均匀；或是摩擦片有油污；或是制动蹄片弹簧损坏等，应根据故障原因在修理厂加以维修。

汽车起步后，先做一下点制动，检查是否有制动能力；将车加速至 20 km/h 做一次紧急制动，检查制动是否可靠，有无跑偏、甩尾现象；再将车加速至 50 km/h，先用点制动的方法检查汽车是否立即减速、是否跑偏，再用紧急制动的方法检查制动距离和跑偏量。

3. 二手车制动效能的检查

如果在行车时进行制动，减速度很小，制动距离又很长，说明该车的制动效能不佳。其原因可能是摩擦片与制动鼓（盘）的间隙很大；制动踏板自由行程过大；制动油管内有空气；制动主缸或轮缸有故障；或是制动油管漏油等造成的，需要到修理厂进行维修。

试车时，发现踏下制动踏板的位置很低，连续踩几脚后，踏板才逐渐升高，但仍感觉比较软，这很可能是制动管路内有空气所导致的；当第一脚踩下踏板制动失灵，再继续踩踏板时制动良好，就说明是踏板自由行程过大，或是摩擦片与制动鼓（盘）的间隙过大。总之，制动效能不佳的车辆，都必须进修理厂维修，这也必然影响车辆的价值。

4. 二手车驻车制动（手刹）性能的检查

如果在坡路上拉紧驻车制动器（手刹）后出现溜车，说明驻车制动器有故障（图 4–17）。故障原因可能是驻车制动器拉杆调整过长；或是摩擦片与制动鼓（盘）间隙过大或有油污；摩擦片磨损严重或打滑；制动鼓（盘）与摩擦片接触不良等造成的，以上故障也是需要在修理厂解决的。目前一些高端车型采用电子驻车制动器（图 4–18）。

图 4–17　传统驻车制动器

图 4–18　电子驻车制动器

施加于驻车制动器操纵装置的力：手操纵时，座位数小于或等于 9 座的载客汽车应不大于 400 N，其他车辆应不大于 600 N；脚操纵时，座位数小于或等于 9 座的载客汽车应不大于 500 N，其他车辆应不大于 700 N。

驻车制动控制装置的安装位置应适当，其操纵装置应有足够的储备行程（开关类操作装置除外），一般应在操纵装置全行程的$\frac{2}{3}$以内产生规定的制动效能；驻车制动机构装有自动调节装置时，允许在全行程的$\frac{3}{4}$以内达到规定的制动效能。棘轮式制动操纵装置，应保证在达到规定的驻车制动效能时，操纵杆往复拉动次数不超过 3 次。

课堂讨论

二手车在路试前需要准备什么？二手车制动性能检查有什么技术要求？

任务二　其他方面动态检查

一、汽车的操纵性能的检查

1. 车身外观检查

使用车辆外观缺陷测量工具与漆面厚度检测仪器，结合目测法对车身外观进行检测。

2. 车辆跑偏的检查

车辆跑偏是指在水平道路上将方向盘调节至车辆能够沿直线行驶时松开，车辆行驶方向会自行向一边偏移。单次四轮定位费用为 50 ~ 200 元，定位完成后需驾驶人亲自试车。如果四轮定位多次调试未果，那么有可能悬架变形了应直接更换悬架。

值得一提的是，四轮定位虽然依照原厂数据对车辆悬架数据进行“还原”，但仍然需要经验丰富的技师操作，同时对仪器的要求也不低。

3. 二手车转向操纵性的检查

在宽敞路段，二手车行驶过程中检查车辆的操纵稳定性。在宽敞的路段，以 15 km/h 的速度行驶，左、右转动方向盘，看转向是否灵活、轻便，有无回正力矩；手松开方向盘，看是否跑偏；高速行驶时，是否有跑偏、摆振现象。一般转向系统的路试检查有以下几项。

（1）方向盘沉重检查

在路试二手车时，做几次转弯测试，检查在转动方向盘时是否感到很沉重（图 4-19）。如果有，则可能是横拉杆、前车轴、车架有弯曲变形；前轮的定位不准确；轮胎气压不足；转向节轴承缺油。对于有助力的二手车，在行进中如果感到转向沉重就可能是有故障了。其原因有可能是转向油路中有空气；或是转向泵压力不足；或是传动带打滑；或是动力缸、安全阀等漏油导致。

图 4–19　方向盘沉重检查

（2）摆振检查

路试二手车时，发现前轮摆动、方向盘抖动，这种现象称为摆振，可能的原因是转向系统的轴承过松；横拉杆球头磨损松旷；轮毂轴承松旷；车架变形；或者是前束过大了。

（3）跑偏检查

如果在路试中，挂空挡松开方向盘，出现跑偏问题，导致的原因有：悬架系统故障，其中一侧的减震器漏油，或是螺旋弹簧故障；前轮定位不好，或是两边的轴距不准确；还可能是车架受过碰撞事故而变形；或是车轮胎压不等。

（4）转向噪声检查。

转向时如果动力转向系统出现噪声，很可能是以下故障造成的：油路中有空气；储油罐油面过低；油路堵塞；或是转向泵噪声。

4. 二手车车身抖动的检查

如果购买二手车后发现车辆行驶中方向盘抖动，或是后座乘客感觉车辆尾部抖动，则建议检测四轮胎压。一般轮胎胎压规定范围标识贴在 B 柱或前门板侧边。如果胎压没有问题，建议将车轮拆下，在动平衡机上检测，以判别到底是轮胎的问题，还是轮毂的问题。

如果车辆在高速行驶中踩踏制动踏板，方向盘抖动或车身抖动，则可能是制动盘磨损不均（图 4–20）造成的（经常轻微制动也可能导致制动盘磨损不均）。轻微情况下可用长距离制动来磨平制动盘，抖动严重的话建议将制动盘拆下磨平，或是更换制动盘。

图 4-20　制动盘磨损不均

二、二手车的技术状况检查

1. 二手车急加速性的检查

待冷却液温度、机油温度正常后，通过改变节气门开度，检查发动机在各种转速下运转是否平稳，改变转速时过渡应圆滑。迅速踏下加速踏板，发动机由怠速状态猛加速，观察发动机转速是否能迅速由低速到高速灵活反应，发动机应无“回火”“放炮”现象。当加速踏板踩到底时，迅速释放加速踏板，发动机转速是否能迅速由高速到低速灵活反应，发动机不能怠速熄火。发动机加速运转过程中，检查发动机有无“敲缸”和气门运动噪声。在规定转速发动机机油压力应符合有关规定。

2. 行车中冷却液温度的检查

在日常驾驶中，也要注意观察仪表盘上冷却液温度表（图 4-21）的提示。如果没注意冷却液温度表，超出正常范围时仍在开，可导致发动机冷却不佳，出现故障。一般 5 年或是 100 000 km 以上的车型，就要留意发动机正常工作中的冷却液温度情况了。

图 4-21　发动机冷却液温度表

3. 二手车动态试验后温度检查

二手车动态试验后检查各部件温度。检查润滑油、冷却液温度，冷却液温度不应超过 90 ℃（图 4–22），发动机机油温度不应高于 95 ℃，变速器齿轮油温度不应高于 85 ℃；检查运动机件过热情况，查看轮毂、制动鼓、变速器壳、传动轴、中间轴承、驱动桥壳等的温度，不应有过热现象。

图 4–22　发动机冷却液温度显示情况

4. 二手车动力性的检查

通过道路试验分析汽车动力性能，其结果接近于实际情况。汽车动力性在道路试验中的检测项目一般有高挡加速时间、起步加速时间、最高车速、陡坡爬坡车速、长坡爬坡车速等，有时为了评价汽车的拖挂能力，也进行汽车牵引力检测。另外，有时为了分析汽车动力的平衡问题，采用高速滑行试验测定滚动阻力系数和空气阻力系数。道路试验会受到道路条件、风向、风速、驾驶技术等因素的影响，且这些因素可控性差，同时还需要按规定条件选用和建造专门的道路等。

小客车动力性能最常见的指标是从静止状态加速至 100 km/h 所需时间和最高车速，其中加速时间是最具意义的动力性能指标和国际流行的小客车动力性能指标。

汽车起步后，加速行驶，猛踩加速踏板，检查汽车的加速性能，各种汽车设计时的加速性能不尽相同。就轿车而言，一般发动机排量越大，加速性能越好。二手车鉴定评估师应了解各种常见车型的加速性能，通过路试能够检查出被检汽车的加速性能与正常的该型号汽车加速性能的差距。

检查汽车的爬坡性能。检查汽车在相应的坡道上，使用相应的挡位时的动力性能是否与经验值相近，感觉是否正常。检查汽车是否能够达到原设计车速，如果达不到，估计差距大小。

5. 动态试验后渗漏检查

二手车动态试验后必须检查相关部件的渗漏情况。在发动机运转及停车时，散热器、水泵、缸体、缸盖、暖风装置及所有连接部位不得有明显渗水、漏水（图 4–23）现象。汽车连续行驶距离不小于 10 km，停车 5 min 后观察，不得有明显渗油、漏油（图 4–24）现象。

图 4-23　发动机舱漏水

图 4-24　汽车漏油

气压制动汽车，在气压升至 600 kPa 且不使用制动的情况下，停止空气压缩机 3 min 后，气压的降低值不应大于 10 kPa。在气压为 600 kPa 的情况下，将制动踏板踩到底，待气压稳定后观察 3 min，气压的降低值不应大于 20 kPa。液压制动二手车，在保持踏板力 700 N 达到 1 min 后，踏板不允许有缓慢向前移动的现象。

6. 制动片的检查

虽然制动片磨损较薄后会有异响，或者有些高端车会有报警，不过适时的检查能够让车主远离危险。一般车辆前轮的制动片更换时间间隙会更短(由于制动车辆重心前移造成的)。制动片更换时应成对更换，即同时更换两前轮或两后轮的。制动片因材质不同，价格差异较大。一般 100 ~ 300 元的制动片很常见。

制动盘的厚度可根据盘面与盘边缘位置的凹陷来判断（图 4-25），如果已经低于盘边缘 3 mm，就说明该制动盘需要更换了。根据不同的车型、不同的制动盘材质，制动盘价格会有较大差异。

图 4-25　制动盘的磨损情况

更换周期较长的制动盘，同样在选购时注意查看制动盘的磨损程度。快速判别方法为制动盘表面的纹理及制动盘厚度。如图 4-26 所示，当用手摸盘面的纹理时，如发现有非常明显的凹凸感，就说明该制动盘应进行磨平或更换处理。

图 4–26　制动盘凹凸不平，磨损严重

思政之窗

在进行二手车技术状况鉴定时，务必秉持公平公开的原则，确保评估过程的透明度和公正性。同时，二手车价值评估需注重技术创新，确保评估结果的准确性和公正性。在评估实务实训中，应培养学生爱岗敬业的精神，提升专业技能和服务水平，为客户提供更优质的服务。

课 后 习 题

一、选择题

1. 转向盘最大自由转动量不允许大于（　　）。

A.35°　　B.40°　　C.20°　　D.30°

2. 汽车紧急制动情况下，当车轮的滑移率在（　　）时制动性能最佳。

A.1　　B.0.2　　C.0.5　　D.0.75

3. 踏板自由行程符合汽车技术条件的有关规定，一般为（　　）。

A.30 ~ 45　　B.40 ~ 45　　C.20 ~ 35　　D.25 ~ 35

4. 检查润滑油、冷却液温度，冷却液温度不应超过________，发动机机油温度不应高于________，变速器齿轮油温度不应高于________。（　　）

A.90℃、80℃、95℃　　B.90℃、95℃、90℃

C.90℃、95℃、85℃　　D.85℃、90℃、95℃

5．在正常情况下，用起动机起动发动机时，需在 3 次内起动成功（　　）。

A.3 次　　B.5 次　　C.4 次　　D.2 次

二、填空题

1．检查冷却液时，对于没有膨胀水箱的冷却系统，可以打开散热器盖进行检查，要求液面不低于排气孔________。

2．在正常情况下，起动时，每次时间不超过________，再次起动时间要间隔________以上。

3．通常驻车制动力不应小于整车重量的________。

4．棘轮式制动操纵装置，应保证在达到规定的驻车制动效能时，操纵杆往复拉动次数不超过________。

5．检查冷却风扇传动带的紧度，用拇指以 90 ~ 100 N 的力按压传动带中间部位时，挠度应为________。

项目五 二手车价格的评估

项目概述

二手车价格估算方法有重置成本法、收益现值法、现行市价法、清算价格法等几种。二手车评估师必须根据二手车评估的目的正确选择合适的方法，才能正确估算二手车的价格。

成新率是反映二手车新旧程度的指标。二手车成新率是表示二手车的功能或使用价值占全新机动车的功能或使用价值的比率，也可以理解为二手车的现时状态与机动车全新状态的比率。它与有形损耗一起反映了同一车辆的两方面。

本项目介绍二手车价格的评估与二手车成新率的计算方法，包含以下三个任务。

任务一：二手车价格评估的基本方法。

任务二：二手车成新率的计算方法。

任务三：二手车价格的计算评估。

通过以上三个任务的学习，学生将能够全面掌握二手车价格评估的基本方法和技巧。这些知识和技能将帮助用户在购买或出售二手车时做出明智的决策，确保获得合理的价格。

学习目标

知识目标

◆ 能够掌握二手车价格评估的基本方法。

◆ 学会二手车成新率的计算方法。

◆ 能够对二手车价格进行计算评估。

能力目标

◆ 能够根据市场比较法对二手车价格进行初步评估，并提出合理的价格范围。

◆ 能够运用成新率计算方法，准确评估二手车的使用状况，为价格评估提供客观依据。

◆ 具备对二手车价格进行综合评估的能力，考虑多种方法和因素，提供较为准确的价格评估报告。

素质目标

◆ 培养学生的独立自主能力。

◆ 培养学生的探索精神以及不畏困难的品质。

思政目标

◆ 通过学习，培养学生在遇到事情不慌张，并且能够快速给出正确的方案，强化学生自身坚韧的品质和社会实践能力。

任务工单

评估二手车价值

学院		专业	
姓名		学号	

一、接受工作任务

车辆经过静态检查、动态检查后，根据车辆技术状况及鉴定目的，二手车鉴定评估师需运用相应的评估方法（重置成本法、现行市价法等）对车辆价值进行评估。

二、信息收集

（1）（多选）通过对重置成本法计算公式的分析不难发现，要合理运用重置成本法评估二手车的交易价格，必须正确确定车辆重置成本的（　　）。

A. 实体性贬值　　B. 经济性贬值
C. 功能性贬值　　D. 成新率

（2）决定能否使用重置成本法的关键因素是（　　）。

A. 能否获得二手车交易市场参考价格　　B. 能查询到相同车型新车的市场报价
C. 二手车的未来收益可以预测　　D. 交易必须是在受迫的条件下进行

（3）（多选）成新率的估算主要包括（　　）等。

A. 使用年限法　　B. 行驶里程法
C. 整车观测法　　D. 部件鉴定法

（4）（多选）下列属于现行市价法的特点的是（　　）。

A. 能够比较客观地反映二手车目前的市场情况
B. 其评估的参数、指标可直接从市场获得
C. 评估值能反映市场现实价格
D. 评估结果易于被各方面理解和接受

（5）（多选）下列属于收益现值法应用前提的是（　　）。

A. 被评估二手车必须是经营性车辆，且具有继续经营和获利的能力
B. 继续经营的预期收益可以预测而且必须能够用货币金额来表示
C. 二手车购买者获得预期收益所承担的风险也可以预测，并可以用货币衡量
D. 被评估二手车预期获利年限可以预测

（6）（多选）清算价格的高低一般与下列哪几方面因素有关？（　　）

A. 企业破产形式　　B. 车辆拍卖时限
C. 车辆现行市价　　D. 车辆拍卖方式

三、制订计划

根据被评估车辆实际情况，选择合适的二手车价值评估方法，制订作业计划。

（续表 1）

四、计划实施

（1）请完善《二手车技术状况鉴定评估委托书》内容。

二手车技术状况鉴定评估委托书

委托书编号：

委托方信息：

委托方名称（姓名）：　　　　　　　　统一社会信用代码 / 身份证号：

委托方地址：　　　　　　　　联系电话：

鉴定评估机构信息：

鉴定评估机构名称：　　　　　　　　统一社会信用代码：

鉴定评估机构地址：

联系人：　　　　　　　　联系电话：

原因 □交易 □典当 □拍卖 □置换 □抵押 □担保 □咨询 □司法裁决需要

委托人与受托人达成委托关系，号牌号码为__________，车辆类型为__________车架号（VIN 码）为__________，的车辆进行技术状__________况鉴定并出具评估报告书，__________年__________月__________日前完成。

委托评估车辆基本信息。

<table>
<tr><td rowspan="7">车辆情况</td><td colspan="2">厂牌型号</td><td colspan="2"></td><td>使用用途</td><td>营运□ 非运营□</td></tr>
<tr><td colspan="2">总质量 / 座位 / 排量</td><td colspan="2"></td><td>燃料种类</td><td></td></tr>
<tr><td colspan="2">初次登记日期</td><td colspan="2">年　月　日</td><td>车身颜色</td><td></td></tr>
<tr><td colspan="2">已使用年限</td><td>年　个月</td><td colspan="2">累计行驶里程（万公里）</td><td></td></tr>
<tr><td colspan="2">大修次数</td><td>发动机（次）</td><td></td><td>整车（次）</td><td></td></tr>
<tr><td colspan="2">维修情况</td><td colspan="2"></td><td></td><td></td></tr>
<tr><td colspan="2">事故情况</td><td colspan="2"></td><td></td><td></td></tr>
<tr><td colspan="2">价值反映</td><td>购置日期</td><td colspan="2">年　月　日</td><td>原始价格（元）</td><td></td></tr>
</table>

备注：

说明：

① 若被评估车辆使用用途曾为营运车辆，需在备注栏中予以说明。

② 委托方必须对车辆信息的真实性负责，不得隐瞒任何情节，凡由此引起的法律责任及赔偿责任由委托方负责。

③ 本委托书一式两份，委托方、受托方各一份。

委托方：（签字、盖章）　　　　　　　　受托方：（签字、盖章）

年　　月　　日　　　　　　　　年　　月　　日

（2）请完善被评估车辆评估结果信息。

被评估车辆的评估结果			
鉴定评估基准日	年　月　日	年审检验合格至	年　月
交强险截止日期	年　月　日	车船税截止日期	年　月
是否为查封、抵押车辆	□是 □否	车辆购置税证	□有 □无
机动车登记证书	□有 □无	机动车行驶证	□有 □无
技术状况等级		技术状况分值	

综合评定结论：

备注：

（续表 2）

（3）请根据所学知识，分别运用重置成本法和现行市价法两种评估方法计算二手车价值，并详细记录计算过程。

①重置成本法。

②现行市价法。

被评估二手车与参照车辆的有关技术经济参数

序号	技术经济参数	参照车辆 A	参照车辆 B	被评估二手车
1	车辆型号			
2	车辆配置类型			
3	发动机类别			
4	发动机排量			
5	变速器类型			
6	尾气排放标准			
7	销售条件			
8	行驶里程			
9	交易时间			
10	规定使用年限			
11	初次登记日期			
12	已使用时间			
13	技术鉴定分值			
14	成新率			
15	交易数量			
16	付款方式			
17	交易地点			
18	物价指数			
19	交易价格			

五、质量检查

请实训指导教师检查作业结果。

序号	检查项目	填写情况（准确程度）
1	《二手车技术状况鉴定评估委托书》内容	
2	被评估车辆评估结果信息	
3	运用重置成本法估算被评估二手车价值的计算过程	
4	运用现行市价法估算被评估二手车价值的计算过程	

六、评价反馈

请根据在本次任务中的实际表现进行评价。

序号	评分标准	评分分值	得分
1	明确工作任务，理解任务在企业工作中的重要程度	10	
2	掌握工作相关知识及要点	10	
3	准确填写《二手车技术状况鉴定评估委托书》内容	15	
4	准确填写被评估车辆评估结果信息	15	
5	能够运用重置成本法估算被评估二手车价值	25	
6	能够运用现行市价法估算被评估二手车价值	25	
合计（总分 100 分）			

任务一　二手车价格评估的基本方法

一、重置成本法

重置成本法

（一）重置成本法的基本要素

重置成本法的概念中涉及四个基本要素，即二手车的重置成本、二手车实体有形损耗、二手车功能性贬值和二手车经济性贬值。

（1）二手车的重置成本

二手车重置成本是按在现行市场条件下重新购买一辆全新车辆所支付的全部货币总额。简单地说，二手车重置成本就是当前再取得该车的成本。

（2）二手车实体有形损耗

二手车实体有形损耗也称为实体性贬值，是指二手车在存放和使用过程中，由于物理和化学原因（如机件磨损、锈蚀和老化等）而导致的车辆实体发生的价值损耗，即由于自然力的作用而发生的损耗。计量二手车实体有形损耗时，主要根据已使用年限进行分摊。

（3）二手车功能性贬值

二手车功能性贬值是由于技术进步引起的二手车功能相对落后而导致的贬值，这是一种无形损耗。功能性贬值可分为一次性功能贬值和营运性功能贬值。

（4）二手车经济性贬值

二手车经济性贬值是指由于外部经济环境变化所造成的车辆贬值，也是一种无形损耗。外部经济环境变化包括宏观经济政策变化、市场需求变化、通货膨胀和环境保护法规变化等。

（二）重置成本法应用的理论依据和特点

1. 理论依据

任何一个投资者在购买某项资产时，所愿意支付的价格，绝不会超过现时在市场上能够购买到与该项资产具有同等效用的全新资产所需的最低成本，而不管这项资产的原拥有者当初在购买这项资产时的购置价（历史成本）是多少，这就是重置成本法的理论依据。可见，重置成本是现时购买一辆全新的与被评估二手车相同的车辆所支付的最低金额。

2. 应用前提和适用范围

重置成本法作为一种二手车评估的方法，是从能够重新取得被评估二手车的角度来反映二手车交换价值的，即通过被评估二手车的重置成本反映二手车的交换价值。只有当被评估的二手车处于继续使用状态下，再取得被评估二手车的全部费用才能构成其交换价值的内容。二手车继续使用包含着其使用有效性的经济意义，只有当二手车能够继续使用，并且在持续使用中为潜在投资者带来经济利益，二手车的重置成本才能为潜在投资者和市场承认及接受。从这个意义上讲，重置成本法主要适用于继续使用前提下的二手车评估。

3. 重置成本法的优缺点

（1）重置成本法的优点

① 充分地考虑了车辆的各方面损耗，反映了车辆市场价格的变化，评估结果更趋于公平合理，在不易估算车辆未来收益，或难以在市场上找到可类比对象的情况下可广泛应用。

② 可采用综合分析法确定成新率，将车况和配置以及车辆使用情况用适当的调整系数表征出来，比较清晰地解析了车辆残值的构成，使整个评估过程显得有理有据，有助于增强交易双方对评估结果的信任，可广泛应用于价值较高的中高端车辆评估。

（2）重置成本法的缺点

① 评估工作量较大，确定成新率时主观因素影响较大。

② 对极少数的进口车辆，不易查询到现时市场报价，一些已停产或是我国自然淘汰的车型，由于不可能查询到相同车型新车的市场报价，因此难于准确地确定出它们的重置成本或重置成本全价。

二、收益现值法

1. 定义

收益现值法是指估算被评估车在剩余寿命期内的预期收益，并折现为评估基准日的现值，即为二手车的评估值。

2. 特点

用收益现值法评估车辆时，一般都与投资决策相结合，容易被二手车买卖双方接受。同时，评估值能比较准确地反映车辆本金化的价值。但是，预期收益额的预测难度大，而且受买卖双方主观判断和未来不可预见因素的影响较大。

3. 影响因素

（1）被评估车继续运营和获利的能力。

（2）被评估车预期获利年限及预期收益的预测值。

（3）被评估车在剩余寿命期内所担风险的预测值。

4. 适用范围

收益现值标准适用的前提条件是车辆投入使用后可连续获利。收益现值法确定的二手车评估值依赖于未来预期收益。二手车评估的前提是车辆必须能投入使用，且在剩余寿命期内能连续获利。因此，收益现值法适用于投资营运车辆的评估。

三、现行市价法

（一）现行市价法的概念

现行市价法又称为市场法、市场价格比较法，是指以市场上最近售出的与被评估车辆可类比的车辆作为参照物，通过比较彼此间的异同，并据此对参照物的市场成交价进行调整，从而确定被评估车辆价值的一种评估方法。现行市价法是最直接和最简单的一种评估方法。这种方法的基本思路是：通过市场调查，选择一个或几个与评估车辆相同或类似的车辆作为参照物，分析参照物的构造、功能、性能、新旧程度、地区差别、交易条件及成交价格等，并与被评估车辆一一对照比较，找出两者的差别及差别所反映在价格上的差额，经过调整，计算出二手车的价值。

提示：通过市场调查，选择一个或几个与评估车辆相同或类似的车辆作参照车辆，分析参照车辆的构造、功能、性能、新旧程度、地区差别、交易条件及成交价格等，并与被评估车辆进行比较，找出两者的差别及其在价格上所反映的差额，经过适当调整，最终计算出被评估车辆的价格。

运用现行市价法要求充分利用类似二手车成交价格信息，并以此为基础判断和估测被评估二手车的价值。运用已被市场检验了的结论来评估二手车，显然是容易被买卖双方当事人接受的。因此，现行市价法是二手车评估中最为直接和最具说服力的评估途径之一。

现行市价法原理是：任何一个正常的投资者在购置某项资产时，他所愿意支付的价格不会高于市场上具有相同用途替代品的现行市价。

（二）现行市价法的应用前提和优、缺点

1. 现行市价法的应用前提

由于现行市价法是以同类二手车销售价格相比较的方式，来确定被评估二手车价值的，因此，运用此方法时，一般应具备以下两个基本的前提条件。

（1）要有一个发育成熟、交易活跃的二手车交易公开市场，经常有相同或类似的二手车交易，有充分的参照车辆可取，市场成交的二手车价格反映市场行情，这是应用现行市价法评估二手车的关键。

（2）市场上参照的二手车与被评估二手车有可比较的指标，并且这些指标的技术参数等资料是可收集到的，并且价值影响因素明确，可以量化。

2. 现行市价法的适用范围

现行市价法是从卖者的角度来考虑被评估二手车的变现值的，二手车评估价值的大小直接受市场的制约，因此，它特别适用于产权转让畅销车型的评估，如二手车收购（尤其是成批收购）和典当等业务。畅销车型的数据充分可靠，市场交易活跃，评估人员熟悉其市场交易情况，采用现行市价法评估二手车时间会很短。

3. 现行市价法的优缺点

（1）现行市价法的优点

① 能够客观反映二手车目前的市场情况，其评估的参数和指标直接从市场获得，评估值能反映市场现实价格。

② 评估结果易于被各方面理解和接受。

（2）现行市价法的缺点

① 需要公开及活跃的二手车市场作为基础，然而在我国很多地方二手车市场建立时间短，发育不完全、不完善，寻找参照车辆有一定的困难。

② 可比因素多而复杂，操作难度大。即使是同一个厂家生产的同一型号的产品，同一时间登记注册，可能由于车主使用方法不同，其使用强度、使用条件和维护水平的不同而带来车辆技术状况不同，造成二手车评估价值差异。

（三）应用现行市价法评估的步骤

（1）收集资料

收集评估对象的资料，包括车辆的类别名称、型号和性能、生产厂家及出厂年月，了解车辆目前使用情况、实际技术状况以及尚可使用的年限等。

（2）选定二手车交易市场上可进行类比的对象

① 车辆型号，指车辆类型和主要参数。

② 车辆制造厂家。

③ 车辆来源，是私用、公务、商务车辆，还是营运出租车辆。

④ 车辆使用年限和行驶里程数。

⑤ 车辆实际技术状况。

⑥ 市场状况。

⑦ 评估目的。

⑧ 车辆所处的地理位置。

⑨ 成交数量。

⑩ 成交时间。

（3）分析、类比

综合上述可比性因素，对待评估的车辆与选定的类比对象进行认真的分析类比。

（4）计算评估值

分析和调整差异，并做出结论。

（四）评估方法及计算公式

在实际评估中，现行市价法又分为直接市价法和类比调整市价法。直接市价法是指在市场上能找到与被评估车完全相同的参照车辆的现行市价，并参照车辆的价值直接作为被评估车的评估价值。类比调整市价法是指评估二手车时，在公开市场上找不到与被评估车辆完全相同的参照车辆，只能找到与之相似的车辆作为参照车辆，再根据车辆技术状况和交易条件等数据，对参照车辆的价值做出相应调整，综合比较来确定被评估车的评估价值。

1. 直接市价法

当被评估车与参照车辆完全相同时，被评估车的评估价值计算公式为

$$P_1 = P_2$$

式中　P_1——被评估车的评估价值（元）；

P_2——参照车辆的交易价值（元）。

（1）参照车型一般为畅销车型，如大众朗逸、大众宝来和别克英朗等市场保有量大，交易比较频繁的车型。

（2）当被评估车与参照车辆相近，即车辆类别相同、主参数相同、结构性能相同，只是生产序号不同，只有局部改动，交易时间相近时，可用同样方法计算，

2. 类比调整市价法

（1）影响因素

类比调整市价法对参照车辆的条件要求不太严，只要求参照车辆与被评估车大体相同即可。它主要是对被评估二手车和参照车辆之间的差异进行分析、比较，并进行适当量化，然后调整为可比的因素。两者的主要差异一般体现在以下几点。

① 结构性能的差异。车辆结构配置会对车辆的成交单价产生影响。例如，同类型的手动变速器车和自动变速器车，由于结构配置不同，则成交价值也不同。

② 销售时间的差异。在选择参照车时，应尽可能地选择在接近评估基准日成交的案例，以免去由于销售时间的不同而引起的价值差异。若参照车的交易时间在评估基准日之前时，可采用价值指数法进行调整。

③ 新旧程度的差异。在评估过程中，往往被评估车辆与参照车在新旧程度上不能完全一致，这时评估人员应对参照车和被评估车辆的新旧程度进行量化，即先算出参照车和被评估车辆成新率，然后再计算出两种车的新旧差异量，公式如下：

差异量＝参照车价值 ×（被评估车辆成新率 – 参照车成新率）

④ 销售数量的差异。销售数量大小会对车辆的成交单价产生影响。当被评估车辆是成批交易时，其参照车辆不应是单车，也应以成批车交易作为参照车；当被评估车辆是单车交易时，其参照车辆不应是成批交易车，也应以单车交易作为参照车；若没有对应的参照车时，评估人员应进行差异分析并适当调整，才能准确评估二手车价值。

⑤ 付款方式的差异。对付款方式差异的调整，被评估车辆通常是以一次性付款方式为假定前提，若参照车辆采用分期付款方式，则可按当期银行利率将各期分期付款额折现累加，即可得到分期付款总额。

（2）计算公式

将以上各种差异进行调整并量化，以适当的方式加以汇总，来确定被评估车的评估价值

$$P_1 = P_2 \pm \sum K$$

式中　P_1——被评估车的评估价值（元）；

P_2——参照车辆的交易价值（元）；

$\sum K$——各种差异调整量化值（元）。

四、清算价格法

1. 清算价格法的基本原理

清算价格法是以清算价格为依据来估算二手车价格的一种方法。清算价格是指企业在停业或破产后，在一定的期限内拍卖资产（如车辆）时可得到的变现价格。

清算价格法在原理上基本与现行市价法相同，所不同的是迫于停业或破产，清算价格往往大大低于现行市场价格。这是由于企业被迫停业或破产，急于将车辆拍卖、出售。

2. 清算价格法的应用前提和适用范围

（1）清算价格法的应用前提

以清算价格法评估车辆价格的前提条件有以下三点。

① 以具有法律效力的破产处理文件或抵押合同及其他有效文件为依据。

② 车辆在市场上可以快速出售变现。

③ 所卖收入足以补偿出售车辆的附加支出总额。

（2）清算价格法的适用范围

清算价格法适用于企业破产、资产抵押和停业清理时要出售的车辆。

3. 影响清算价格的主要因素

在二手车评估中，影响清算价格的主要因素包括破产形式、债权人处置车辆的方式、车辆清理费用、拍卖时限、公平市价和参照车辆价格等。

五、二手车评估方法的选择

（1）评估方法的适用特点

① 重置成本法比较充分地考虑了车辆的各方面损耗，反映了车辆市场价格的变化，评估结果更趋于公平合理，在不易估算车辆未来收益，或难以在市场上找到可类比对象的情况下可广泛应用。

② 现行市价法要求评估方在当地或周边地区能找到一个二手车交易市场，该市场要求发育成熟、活跃、交易量大、车型丰富，容易找到可类比的参照车辆，并且参照车辆是近期的、可比较的。因此，它特别适用于产权转让的畅销车型的评估，如二手车收购（尤其是成批收购）和典当等业务。

③ 收益现值法是在被评估二手车在剩余经济使用寿命内能够带来预期利润的前提下进行评估的，因此，比较适用于投资营运车辆的评估。

④ 清算价格法是从车辆资产债权人的角度出发，以车辆快速变现为目的进行评估的，因此，适用于企业破产、资产抵押、停业清理等急于出售变现的车辆评估，如法院、海关委托评估的涉案车辆。

（2）选择评估方法时应考虑的因素

估价方法的多样性，为鉴定估价人员提供了选择评估的途径。选择估价方法时应考虑以下因素。

① 必须严格与二手车评估的计价标准相适应。

② 要受收集数据和信息资料的制约。

③ 要充分考虑二手车鉴定估价工作的效率，选择简单易行的方法。

课堂讨论

重置成本法的基本要素有哪些？二手车的价格评估对于交易有什么帮助？

任务二　二手车成新率的计算方法

一、使用年限法

（1）计算方法

使用年限法是通过确定被评估二手车的尚可使用年限与规定使用年限的比值来确定二手车成新率的一种方法。其计算公式为

$$C_Y=\frac{Y_g-Y}{Y_g}\times 100\%$$

式中　C_Y——使用年限成新率；

Y——二手车实际已使用年限，年或月；

Y_g——车辆规定的使用年限，年或月。

使用年限法估算二手车的成新率是基于二手车在规定的使用寿命期间，实体性损耗与时间呈线性递增关系，二手车价值的降低与其损耗大小成正比。

提示：可利用被评估二手车的实际已使用年限与该车型规定使用年限的比值来判断其实体贬值率（程度），进而估算被评估二手车成新率。

（2）已使用年限与规定使用年限

① 已使用年限

使用年限是代表汽车运行量和工作量的一种计量。综合考虑已使用年限和行驶里程数更符合实际，即汽车的已使用年限应采用折算年限，即

折算年限＝总的累计行驶里程 / 年平均行驶里程

已使用年限一般取该车从新车在公安交通管理机关注册登记日起至评估基准日所经历的时间。一般以月为单位计算实际已使用年限，即将已使用年限和规定使用年限换算成月数，这样计算简单，结果误差也较小，比较切合实际。

② 规定使用年限

车辆规定使用年限是指《汽车报废标准》中对被评估车辆规定的使用年限。各种类型汽车规定使用年限应按国家的《汽车报废标准》等规定执行。

（3）使用年限法的前提条件

使用年限法计算成新率的前提条件是车辆在正常使用条件下，按正常使用强度（年平均行驶里程）使用。我国各类汽车年平均行驶里程，见表 5-1。

表 5-1　我国各类汽车年平均行驶里程

汽车类别	年平均行驶里程 / $\times 10^4$ km
微型、轻型货车	3 ~ 5
中型、重型货车	6 ~ 10
私家车	1 ~ 3
公务、商务用车	3 ~ 6
出租车	10 ~ 15
租赁车	5 ~ 8
旅游车	6 ~ 10
中、低端长途客运车	8 ~ 12
高端长途客运车	15 ~ 25

利用使用年限法计算得到的成新率实际上反映的是车辆的时间损耗及时间折旧率，与车辆的日常使用强度和车况无关。

如果车辆的日常使用强度较大，在运用已使用年限指标时，应适当乘以一定的系数。例如，对于某些以双班制运行的车辆，其实际使用时间为正常使用时间的两倍，因此该车辆的已使用年限，应是车辆从开始使用到评估基准日所经历时间的两倍。

二、行驶里程法

在《汽车报废标准》中除了规定使用年限外，还规定了行驶里程，下面主要介绍行驶里程法。

（1）计算方法

行驶里程法是通过确定被评估二手车的尚可行驶里程与规定行驶里程的比值来确定二手车成新率的一种方法。其计算公式为

$$C_S = \frac{S_g - S}{S_g} \times 100\%$$

式中　C_s——行驶里程成新率；

S——二手车实际累计行驶里程，km；

S_g——车辆规定的行驶里程，km。

（2）累计行驶里程与规定行驶里程

① 累计行驶里程。二手车累计行驶里程是指被评估二手车从开始使用到评估基准时点所行驶的总里程。

② 规定行驶里程。车辆规定行驶里程是指《汽车报废标准》中规定的该车型的行驶里程。

（3）行驶里程法计算成新率的前提条件

行驶里程法计算成新率的前提条件是车辆里程表的记录必须是原始的，不能被人为更改。由于里程表容易被人为变更，因此，在实际应用中，较少直接采用此方法进行评估。

三、部件鉴定法

（1）计算方法

部件鉴定法（也称技术鉴定法）是指评估人员在确定二手车各组成部分技术状况的基础上，按其各组成部分对整车的重要性和价值量的大小加权评分，最后确定成新率的一种方法。采用部件鉴定法估算二手车成新率的计算公式为

$$C_B = \sum_{i=1}^{n}(C_i\beta_i)$$

式中　C_B——部件鉴定法二手车成新率；

C_i——二手车第 i 项部件的成新率；

β_i——二手车第 i 项部件的价值权重。

（2）计算步骤

部件鉴定法的基本步骤如下。

① 先确定二手车各主要总成、部件，再根据各部分的制造成本占整车制造成本的比重，确定其权重的百分比 β_i（i = 1，2，…，n），表 5–2 为汽车各部分的价值权重参考表。

② 以全新车辆对应的各总成、部件功能为满分（100 分），功能完全丧失为零分，再根据被评估二手车各相应总成、部件的技术状态估算出其成新率 C_i（i = 1，2，…，n）。

③ 将各总成、部件估算出的成新率与价值权重相乘，得到各总成、部件的权重成新率（$c_i\beta_i$）（i = 1，2，…，n）。

④ 最后将各总成、部件的权重成新率相加，即得出被评估车辆的成新率。

在不同种类、档次的车辆上，各组成部分对整车的重要性及其价值占整车的比重各不相同，有些类型车辆之间相差还很大。因此，表 5–2 只能供评估人员参考，不可作为唯一标准。在实际评估时，应根据被评估车辆各部分价值量占整车价值的比重，调整各部分的权重。

表 5-2 汽车各部分的价值权重参考表

序号	车辆各主要总成、部件名称	价值权重 /%		
		轿车	客车	货车
1	发动机及离合器总成	26	27	25
2	变速器及万向传动装置总成	11	10	15
3	前桥、前悬架及转向系总成	10	10	15
4	后桥及后悬架总成	8	11	15
5	制动系	6	6	5
6	车架	2	6	6
7	车身	26	20	9
8	电气仪表	7	6	5
9	轮胎	4	4	5
合计		100	100	100

（3）部件鉴定法的特点及适用范围

从上述计算步骤可见，采用部件鉴定法计算加权成新率比较费时费力，但评估值更接近客观实际，可信度高。它既考虑了二手车实体性损耗，同时也考虑了二手车维修或换件等追加投资使车辆价值发生的变化，这种方法一般用于价值较高的二手车评估。

知识拓展

对车辆主要总成或部件进行成新率的估算时也应用到使用年限法，即估算总成或部件的成新率。一般不可能超出采用使用年限法计算得出的整车成新率的值，除非有总成大修或换件的追加投入。

四、整车观测法

整车观测法是指评估人员采用人工观察的方法，辅助简单的仪器检测，判定被评估二手车的技术等级以确定成新率的一种方法。

（1）整车观测法特点

① 人为因素较大。由于该法对二手车技术状况的评判是采用人工观察方法进行的，所以成新率的估值是否客观、实际取决于评估人员的专业水准和评估经验。

② 整车观测法简单易行，但其判断结果没有部件鉴定法准确。

（2）整车观测法适用范围

① 用于初步估算中、低端二手车的价格。

② 用于二手车收购估价。

整车观测法观察和检测的技术指标主要包括二手车的现时技术状态、使用时间及行驶里程、主要故障经历及大修情况、整车外观和完整性等。

二手车成新率评估参考表，见表 5-3。

表 5-3　二手车成新率评估参考表

车况等级	新旧情况	有形损耗率 /%	技术状况描述	成新率 /%
1	使用不久	0 ~ 10	刚使用不久，行驶里程一般在 30 000 ~ 50 000 公里，在用状态良好，能按设计要求正常使用	100 ~ 90
2	较新车	11 ~ 35	使用 1 年以上，行驶 15 万公里左右，一般没有经过大修，在用状态良好，故障率低，可随时出车使用	89 ~ 65
3	旧车	36 ~ 60	使用 4 ~ 5 年，发动机或整车经过大修一次，大修较好地恢复原设计性能，在用状态良好，外观中度受损，恢复情况良好	64 ~ 40
4	老旧车	61 ~ 85	使用 5 ~ 8 年，发动机或整车经过二次大修，动力性能、经济性能、工作可靠性都有所下降，外观油漆脱落受损，金属件锈蚀程度明显；故障率上升，维修费用、使用费用明显上升，但车辆符合《机动车安全技术条件》，在用状态般或较差	39 ~ 15
5	待报废处理车	86 ~ 100	基本到达或到达使用年限，通过《机动车安全技术条件》检查，能使用但不能正常使用，动力性、经济性、可靠性下降，燃料费用、维修费用、大修费用增长速度快，车辆收益与支出基本持平，排放污染和噪声污染到达极限	15 以下

表 5-3 中所示数据是判定二手车成新率的经验数据，只能供评估人员参考，不能作为唯一标准。由于该法对二手车技术状况的评判是采用人工观察方法进行的，所以成新率的估值是否客观、实际，取决于评估人员的专业水准和评估经验。

提示：整车观测法简单易行，但其判断结果没有部件鉴定法准确，一般用于初步估算中、低端二手车的价格，或作为综合分析法的辅助手段，用来确定车辆的技术状况调整系数。

五、综合分析法

1. 估算方法

综合分析法是以使用年限法为基础，综合考虑二手车的实际技术状况、维护保养情况、原车制造质量、二手车用途及使用条件等多种因素对二手车价值的影响，以调整系数形式确定成新率的一种方法。其计算公式为

$$C_F=C_YK\times 100\%$$

式中　C_F——综合成新率；

C_Y——使用年限成新率；

K——综合调整系数。

2. 综合调整系数

影响二手车成新率的主要因素有二手车技术状况、二手车维护保养、二手车原始制造质量、二手车用途和二手车使用条件，可采用表 5-4 推荐的二手车成新率综合调整系数，用加权平均的方法进行调整。

表 5-4　二手车成新率综合调整系数参考表

序号	影响因素	因素分级	调整系数	权重 /%
1	技术状况	好	1.0	30
		较好	0.9	
		一般	0.8	
		较差	0.7	
		差	0.6	
2	维护保养	好	1.0	25
		较好	0.9	
		一般	0.8	
		差	0.7	
3	原始制造质量	进口车	1.0	20
		国产名牌车（走私罚没车）	0.9	
		国产非名牌车	0.8	
4	车辆用途	私用	1.0	15
		公务、商务	0.9	
		营运	0.7	
5	使用条件	好	1.0	10
		一般	0.9	
		差	0.8	

根据被评估二手车是否需要进行项目修理或换件维修，综合调整系数有两种确定方法。

① 二手车无须进行项目修理或换件时，可直接采用表 5-4 所推荐的调整系数，应用下式进行计算

$$K=K_1\times30\%+K_2\times25\%+K_3\times20\%+K_4\times15\%+K_5\times10\%$$

式中　K——综合调整系数；

K_1——二手车技术状况调整系数；

K_2——二手车维护保养调整系数；

K_3——二手车原始制造质量调整系数；

K_4——二手车用途调整系数；

K_5——二手车使用条件调整系数。

② 二手车需要进行项目修理或换件，或需要进行大修时，可采用“一揽子”评估方法，综合考虑确定表 5-4 所列因素的影响。“一揽子”评估方法就是综合考虑修理后对二手车成新率估算值的影响，直接确定一个合理的综合调整系数而进行价值评估的一种方法。

表 5-4 中的因素分级和调整系数只是一个参考，实际确定综合调整系数时，应根据具体情况作适当的调整，但各因素的调整系数取值不要超过 1，综合调整系数计算结果也不会超过 1。

3. 调整系数的选取

（1）二手车技术状况调整系数 K_1

二手车技术状况调整系数是在对车辆技术状况鉴定的基础上对车辆进行的分级，然后取调整系数来修正车辆的成新率。技术状况调整系数取值范围为 0.6 ~ 1.0，技术状况好的取上限，反之取下限。

（2）二手车维护保养调整系数 K_2

维护保养调整系数反映了使用者对车辆使用、维护和保养的水平，不同的使用者，对车辆使用、维护和保养的实际执行情况差别较大，因而直接影响到车辆的使用寿命和成新率。维护保养调整系数取值范围为 0.7 ~ 1.0，维护保养好的取上限，反之取下限。

（3）二手车原始制造质量调整系数 K_3

确定该系数时，应了解被评估的二手车是国产车还是进口车以及进口国别；是国产车应了解是名牌产品还是一般产品。通常，国家正规手续进口的车辆质量优于国产车辆，名牌产品优于一般产品，故在确定此系数时应较慎重。对依法没收领取牌证的走私车辆，其原始制造质量系数建议视同国产名牌产品。原始制造质量调整系数取值范围在 0.8 ~ 1.0。

（4）二手车用途调整系数 K_4

二手车用途（或使用性质）不同，其繁忙程度不同，使用强度也不同。二手车用途调整系数取值范围为 0.7 ~ 1.0，使用强度小的取上限，反之取下限。

（5）二手车使用条件调整系数 K_5

我国地域辽阔，各地自然条件差别很大，车辆的使用条件对其成新率影响很大。使用条件可分为道路使用条件和特殊环境使用条件。

① 道路使用条件。道路使用条件可分为好路、中等路和差路三类，具体内容如下。

好路：国家道路等级中的高速公路，一级、二级、三级道路，好路率在 50% 以上。

中等路：符合国家道路等级四级的道路，好路率在 30% ~ 50%。

差路：国家等级以外的路，好路率在 30% 以下。

② 特殊环境使用条件。特殊环境使用条件主要指特殊自然条件，包括寒冷、沿海、风沙和山区等。

车辆使用条件调整系数取值范围为 0.8 ~ 1.0。取值时应根据二手车实际使用条件适当取值；如果二手车长期在道路条件为好路和中等路行驶时，分别取 1 和 0.9；如果二手车长期在差路或特殊环境使用条件下工作，其系数取 0.8。

从上述影响因素中可以看出，各影响因素关联性较大。一般来说，其中某一影响因素加强时，其他影响因素也随之加强；反之则减弱。影响因素作用加强时，对其综合调整系数不要随影响作用加强而无限加大，一般综合调整系数取值不要超过 1。

4. 综合分析法的特点及适用范围

综合分析法较为详细地考虑了影响二手车价值的各种因素，并用一个综合调整系数指标来调整二手车成新率，评估值准确度较高，因而适用于具有中等价值的二手车评估。这是目前二手车鉴定评估最常用的方法之一。

六、综合成新率法

1. 计算方法

前面介绍的用使用年限法、行驶里程法和部件鉴定法计算二手车成新率，只从单一因素考虑了二手车的新旧程度，是不完全也是不完整的。为了全面地反映二手车的新旧状态，可采用综合成新率法来计算。综合成新率就是采用定性和定量分析的方法，综合多种单一因素对二手车成新率的估算结果，并分别赋予不同的权重，计算加权平均成新率。这样，可以尽量减小使用单一因素成新率计算给评估结果带来的误差，因而是一种较为科学的方法。

综合成新率法的数学计算公式为

$$C_Z=C_1a_1+C_2a_2$$

式中 C_Z——综合成新率；

C_1——二手车理论成新率；

C_2——二手车现场查勘成新率；

a_1、a_2——权重系数，$a_1+a_2=1$。

权重系数的取值要求评估人员根据被评估二手车的实际情况而定。

2. 二手车理论成新率 C_1

二手车理论成新率包括用使用年限法和行驶里程法计算的成新率，是根据二手车实际使用的时间和行驶里程计算而得，是一种对二手车成新率的定量计算，其结果一般不能人为改变。实际计算中，可将使用年限成新率和行驶里程成新率加权平均得到二手车理论成新率。计算公式为

$$C_1=C_Y\times50\%+C_S\times50\%$$

式中 C_Y——使用年限成新率；

C_S——行驶里程成新率。

3. 二手车现场查勘成新率 C_2

二手车现场查勘成新率是由评估人员根据现场查勘情况而确定的一个综合评价值。

提示：二手车现场查勘成新率具体确定步骤是：评估人员先对二手车作技术状况现场查勘（包括静态检查和动态检查），得出鉴定评价意见，然后对整车和重要部件分别作综合评分、累加评分，其结果就是二手车现场查勘成新率。

（1）二手车技术状况现场查勘

被评估二手车技术状况现场查勘主要内容如下。

① 车身外观，包括车身颜色、光泽、有无褪色及锈蚀情况，车身是否被碰撞过，车灯是否齐全，前后保险杠是否完整和其他情况等。

② 车内装饰，包括装潢程度、颜色、清洁程度、仪表及座位是否完整和其他有关装饰情况等。

③ 发动机工作状况，包括发动机动力状况、有无更换部件（或替代部件）和修复现象、是否有漏油现象等。

④ 底盘，包括有无变形、有无异响、变速箱状况是否正常、前后桥状况是否正常、传动系统工作状况是否正常、是否有漏油现象、转向系统情况是否正常和制动系统工作状况是否正常等。

⑤ 电气系统，包括电源系统是否工作正常、发动机点火器是否工作正常、空调系统是否工作正常和音响系统是否工作正常等。

以上查勘情况，一般应由评估委托方或车辆所有单位技术人员签名，以确认查勘情况是客观的、真实的，不存在与实际车况不相符合的情况。确定查勘情况后，评估人员必须对被评估车辆作出查勘鉴定结论。上述资料经过整理，就可以编制成二手车技术状况调查表，见表 5-5。

表 5-5　二手车技术状况调查表

评估委托方：×××　　　　评估基准日：2024 年 1 月 20 日

车辆基本情况	明细表序号		01	车辆牌号	×××			厂牌型号	BUICK上海别克
	生产厂家		上海通用		已行驶里程	60 000 km			
	购置日期		2024 年 1 月	登记日期	2024 年 1 月				
	大修情况		无大修						
	改装情况		无改装						
	耗油量		正常	是否达到环保要求	是	事故次数及情况	无事故		
现场查勘情况									
车辆实际技术状况	外形车身部分	颜色	银	光泽	较好	褪色	无	锈蚀	无
		有无被碰撞	轻微	严重程度		修复		车灯是否齐全	齐全
		前、后保险杠是否完整	完整	其他：车头右侧及左侧车门有轻碰划痕					
	车内装饰部分	装潢程度	一般	颜色	浅色	清洁	较好	仪表是否齐全	是
		座位是否完整	是	其他					
	发动机总成	动力状况评分	85	有无更换部件	无	有无修补现象	无	有无替代部件	无
		漏油现象	严重□ 一般□ 轻微□ 无□						
	底盘各部分	有无变形	无	有无异响	无	变速箱状况	工况正常	后桥状况	正常
		前桥状况	正常	传动状况	工况正常	漏油现象	严重□ 一般□ 轻微□ 无□		
		转向系统情况	工况正常			制动系统情况	工况正常		
	电气系统	电源系统是否工作正常	工况正常	发动机点火器是否工作正常	工况正常	空调系统是否有效	工况正常	音响系统是否工作正常	工况正常
		其他							
鉴定意见			维护保养情况较好，磨损正常，整体车况较好						

评估人员签字：×××

（2）二手车现场查勘成新率

在上述对二手车作技术状况现场查勘的基础上，对整车和重要部件做定量分析并以评分形式给予量化，见表 5-6，总分就是二手车现场查勘成新率。

表 5-6　二手车现场查勘成新率评定表

序号	项目名称	达标程度	参考标准分	评分
1	整车（满分 20 分）	全新	20	—
		良好	15	15
		较差	5	—
2	车架（满分 15 分）	全新	15	12
		一般	7	—
3	前后桥（满分 15 分）	全新	15	12
		一般	7	—
4	发动机（满分 30 分）	全新	30	—
		轻度磨损	25	28
		中度磨损	17	—
		重度磨损	5	—
5	变速箱（满分 10 分）	全新	10	—
		轻度磨损	8	8
		中度磨损	6	—
		重度磨损	2	—
6	转向机制动系统（满分 10 分）	全新	10	—
		轻度磨损	8	8
		中度磨损	5	—
		重度磨损	2	—
总分（现场查勘成新率 /%）			100	83

被评估二手车理论成新率和现场查勘成新率的权重分配、使用年限成新率和机动车行驶里程成新率的权重分配，要根据被评估二手车类型、使用状况、维修保养状况综合考虑，科学、合理地确定权重分配。

七、各种成新率计算方法的选择

二手车成新率的确定可根据鉴定评估目的和评估对象的实际情况选择相应的模型计算。在这些计算成新率的方法中，由于综合分析法是以使用年限法为基础，以调整系数形式调整二手车成新率，调整系数综合考虑了二手车的实际技术状况、维护保养情况、原车制造质量、二手车用途及使用条件等多种因素对二手车价值的影响，评估值准确度较高，因此是目前二手车鉴定评估业务中最常用的方法之一。综合成新率法也是以技术状况现场查勘为基础，因此，也是二手车鉴定评估业务中常用的方法。

任务三　二手车价格的计算评估

一、应用重置成本法的评估

（一）重置成本法评估的具体方法

1. 重置成本法的计算模型

重置成本法有以下两种基本计算模型。

模型一是重置成本法评估二手车的最基本模型。它综合考虑了二手车的现行市场价格和各种影响二手车价值量变化（贬值）的因素，最能让人信服和易于接受。但造成这些贬值的影响因素较多且有一定的不确定性，所以准确地确定二手车的贬值是不容易的。计算公式为

评估值 = 重置成本 – 实体性贬值 – 功能性贬值 – 经济性贬值

模型二以成新率综合考虑了各种贬值对二手车价值的影响，是一种定性和定量相结合的评估方法，比较符合评判二手物品的思维模式，是目前市场上应用较广的一种评估方法。计算公式为

评估值 = 重置成本 × 成新率

2. 基于成新率的重置成本法评估计算

（1）计算公式

评估计算公式上述模型二即为基于成新率的重置成本法评估计算公式

$$P = BC$$

式中　P——被评估二手车的评估值，元；

B——被评估二手车的现时重置成本，元；

C——被评估二手车的现时成新率。

（2）重置成本的计算

在资产评估中，重置成本的估算有多种方法，一般采用重置核算法和物价指数法两种方法。

① 重置核算法

重置核算法是利用成本核算原理，根据重新取得一辆与二手车车型和功能一样的新车所需的费用项目，逐项计算后累加得到二手车的重置成本。二手车的重置成本具体由二手车的现行购买价格、运杂费以及必要的税费构成。根据新车来源方式不同，二手车重置成本可分为国产车和进口车两种不同的构成。国产二手车重置成本构成的计算公式为

$$B = B_1+B_2$$

式中　B——二手车重置成本，元；

B_1——购置全新车辆的市场成交价，元；

B_2——车辆购置价格以外国家和地方政府一次性收缴的各种税费总和，元。

各种税费包括车辆购置税和注册登记费（牌照费）。

重置成本构成不应包括车辆拥有阶段及使用阶段的税费，如车辆拥有阶段的年审费、车船使用税、消费税，车辆使用阶段的保险费、燃油税、路桥费等。

根据海关税则和收费标准，进口轿车的重置成本（即现行价格）的税费构成为

进口二手车重置成本=报关价 + 关税 + 消费税 + 增值税 + 其他必要费用

报关价即到岸价，又称 CIF 价格，它与离岸价 FOB 的关系为

CIF 价格= FOB 价格 + 途中保险费 + 从装运港到目的港的运费

FOB 价格是指在国外装运港船上交货时的价格，因此也称为离岸价，它不包括从装运港到目的港的运费和保险费。

由于这部分费用是以外汇支付的，所以在计算时，需要将报关价格换算成人民币，外汇汇率采用评估基准日的外汇汇率进行计算。关税的计算方法为

关税 = 报关价 × 关税税率

消费税的计算方法为

$$消费税=\frac{报关价+关税}{1-消费税率}\times 消费税率$$

增值税的计算方法为

增值税 =（报关价 + 关税 + 消费税）× 增值税率

其中各种进口车增值税税率均为 17%。

除了上述费用之外，进口车价还包括通关、商检、仓储运输、银行、选装件、经销商、进口许可证等非关税措施造成的费用。

提示： 通常，车辆重置成本大多是依靠市场调查搜集而来的，并不需要进行十分复杂的计算。但是对于市场上尚未出现的新车型（特别是进口新车型）或淘汰车型，由于其价格信息有时不容易获得，这时则需要按照其重置成本的构成进行估算。

② 物价指数法

物价指数法也叫价格指数法，是指根据已掌握的历年来价格指数，在二手车原始成本的基础上，通过现时物价指数确定其重置成本。其计算公式为

$$B=B_0\frac{I}{I_0}$$

或

$$B=B_0(1-\lambda)$$

式中 B——车辆重置成本，元；

B_0——车辆原始成本，元；

I——车辆评估时物价指数；

I_0——车辆当初购买时物价指数；

λ——车辆价格变动指数。

提示：当被评估车辆已停产，或是进口车辆，无法找到现时市场价格时，物价指数法很有用的方法。但应用时必须要注意，一定要先检查被评估车辆的账面购买原价，如果购买原价不准确，则不能用物价指数法。

车辆价格变动指数是表示车辆历年价格变动趋势和速度的指标。取值时要选用国家统计部门、物价管理部门或行业协会定期发布和提供的数据，不能选用无依据、不明来源的数据。

（3）二手车重置成本全价的确定

实际工作中，一般根据鉴定估价的经济行为确定重置成本的全价，具体有以下两种处理方法。

① 对于以所有权转让为目的的二手车交易经济行为，按评估基准日被评估车辆所在地收集的现行市场成交价格作为被评估车辆的重置成本全价，其他费用略去不计。

② 对企业产权变动的经济行为（如企业合资、合作和联营，企业分设、合并和兼并，企业清算、租赁等），其重置成本全价除了考虑被评估车辆的现行市场购置价格以外，还应将国家和地方政府规定对车辆加收的其他税费（如车辆购置附加费、车船使用税等）一并计入重置成本全价中。

（二）重置成本法评估实例

【案例一】综合分析法评估二手车。

曾先生于 2021 年 3 月购置一辆国产奥迪 2.4 L 轿车，作为家庭用车。于 2023 年 3 月到某奥迪专卖店进行二手车置换业务，行驶里程为 95 000 km，已知与该车类似的奥迪 2.5 L 新车市场价格为 398 800 元。经评估人员现场查勘，该车技术状况较好，使用维护保养较好，该车主要是在市内行驶，试用重置成本—综合分析法评估该车的价值。

解：根据题意可知以下内容。

① 评估价值采用重置成本—综合分析法，计算公式为

$$P = BC_F = B\left(1-\frac{Y}{Y_g}\right)K \times 100\%$$

② 初次登记日期为 2021 年 3 月，评估基准日期为 2023 年 3 月，则 Y=24 个月。

③ 该车为轿车，规定使用年限为 15 年，即 Y_g=180 个月。

④ 该车的现时重置成本为 B=398 800 元。

⑤ 综合调整系数 K 的确定如下。

◆技术状况较好，车辆技术状况调整系数为 K_1=0.9。

◆使用维护保养好，维护保养调整系数为 K_2=0.9。

◆该车为国产名牌，制造质量调整系数为 K_3=0.9。

◆该车为私人用车，车辆用途调整系数为 K_4=1.0。

◆该车主要在市内行驶，工作条件调整系数为 K_5=1.0。

⑥ 综合调整系数为

$$\begin{aligned}K&=K_1\times30\%+K_2\times25\%+K_3\times20\%+K_4\times15\%+K_5\times10\%\\&=0.9\times30\%+0.9\times25\%+0.9\times20\%+1.0\times15\%+1.0\times10\%\\&=0.925\end{aligned}$$

⑦ 计算评估值 P 为

$$P=BC_F=398\ 800\text{ 元}\times86.67\%\approx346\ 956\text{ 元}$$

【案例二】使用年限法评估二手车。

2021 年 8 月，李女士购置了一辆爱丽舍轿车，作为上下班代步用。购买价格为 95 800 元，初次登记日期是 2021 年 9 月，于 2023 年 12 月进入二手车交易市场估价交易。现场查勘，车身外观较好，发动机运转平稳，无异常响声，制动系统良好。该车行驶里程为 100 000 km，在评估时，该车的现行市场销售价格为 79 800 元，其他税费不计，试评估该车的现时市场价值。

解：根据题意可知以下内容。

① 初次登记日期为 2021 年 9 月，评估基准日期为 2023 年 12 月，已使用年限为 2 年 3 个月，即 Y=27 个月。

② 该车为轿车，规定使用年限为 15 年，即 Y_g=180 个月。

③ 该车的现时重置成本为 B=79 800 元。

④ 该车的年限成新率为

$$C_Y=\left(1-\frac{Y}{Y_g}\right)\times100\%=\left(1-\frac{27}{180}\right)\times100\%\approx85.00\%$$

⑤ 评估值

$$P=BC=79\ 800\times85.00\%\approx67\ 830\text{ 元}$$

二、应用收益现值法的评估

（一）应用收益现值法评估的具体方法

1. 计算模型

应用收益现值法求二手车评估值的计算，实际上就是对被评估二手车未来预期收益进行折现的过程。被评估二手车的评估值等于剩余寿命期内各收益期的收益折现值之和。其基本计算公式为

$$P=\sum_{t=1}^{n}\frac{A_t}{(1+i)^t}=\frac{A_1}{(1+i)^1}+\frac{A_2}{(1+i)^2}+\cdots+\frac{A_n}{(1+i)^n}$$

式中　P——评估值，元；

A——未来第 t 个收益期的预期收益额，元；

n——收益年期（即二手车剩余使用寿命的年限）；

i——折现率，在经济分析中如果不做其他说明，一般指年利率或收益率；

t——收益期，一般以年计；

A_n——未来 n 年收益额，元。

由于二手车的收益期是有限的，所以上式中的 A_t 还包括收益期末车辆的残值，一般估算时忽略不计。

当 $A_1=A_2=\cdots=A_n=A$ 时，即 t 在 1 ~ n 年未来收益都为 A 时，则有

$$P=A\left[\frac{1}{(1+i)^1}+\frac{1}{(1+i)^2}+\cdots+\frac{1}{(1+i)^n}\right]=A\frac{(1+i)^n-1}{i(1+i)^n}$$

式中　$\frac{1}{(1+i)^n}$——第 n 个收益年期的现值系数；

$\frac{(1+i)^n-1}{i\ (1+i)^n}$——年金现值系数。

上式反映了收益率为 i 时，二手车预期在 n 年的收益期内每年的收益为 A 元，几年累计收益额“等值于”现值 P 元，那么，现在可接受的最大投资额应为 P 元。

2. 收益现值法各评估参数的确定

（1）收益年期 n 的确定

收益年期（即二手车剩余使用寿命的年限）指从评估基准日到二手车报废的年限，各类营运车辆的报废年限在国家《汽车报废标准》中都有具体规定。如果剩余使用寿命期估算得过长，则计算的收益期就多，车辆的评估价格就高；反之，则会低估价格。因此，必须根据二手车的实际状况对其收益年期做出正确的评定。

（2）预期收益额 A_t 的确定

运用收益现值法时，未来每年收益额的确定是关键。预期收益额是指被评估二手车在其剩余使用寿命期内的使用过程中，可能带来的年净收益额。确定车辆预期收益额时应注意以下两点。

① 预期收益额是通过预测分析获得的。对于买卖双方来说，判断车辆是否有价值，应判断该车辆是否能带来收益。对车辆收益能力的判断，不仅要看现在的情形，更重要的是关注未来的经营风险。

② 收益额的构成。以企业为例，第一，企业税后利润；第二，企业税后利润与提取折旧额之和扣除投资额；第三，利润总额。在二手车评估业务中建议选择企业税后利润，目的是准确反映预期收益额。其计算公式为

收益额 = 税前收入 – 应交所得税 = 税前收入 ×（1– 所得税率）

税前收入 = 一年的毛收入 – 车辆使用的各种税费和人员劳务费等

（3）折现率 i 的确定

折现率是指将未来预期收益额折算成现值的比率。折现率是一种期望投资报酬率，是投资者在投资风险一定的情况下，对投资所期望的回报率。折现率由无风险报酬率和风险报酬率两部分组成，即

折现率（i）＝无风险报酬率 + 风险报酬率

无风险报酬率一般是指同期国库券利率，实际上是一种无风险收益率。风险报酬率是指超过无风险收益率以上部分的投资回报率。

（二）收益现值法评估实例

【案例一】某个体从业人员拟购买一辆轻型载货汽车从事营运经营。

已知该车的剩余使用年限为 4 年。适用的折现率为 8%，经预测 4 年内该车的预期收益分别为 10 000 元、9 000 元、8 000 元和 7 000 元，试用收益现值法评估该车辆目前的价格。

解：由于该车每年的预期收益额不相等，根据收益现值法的模型式，价格为

$$
\begin{aligned}
P&=\sum_{t=1}^{n}\frac{A_t}{(1+i)^t}=\frac{A_1}{(1+i)^1}+\frac{A_2}{(1+i)^2}+\cdots+\frac{A_n}{(1+i)^n}\\
&=\left[\frac{10\,000}{(1+8\%)^1}+\frac{9\,000}{(1+8\%)^2}+\frac{8\,000}{(1+8\%)^3}+\frac{7\,000}{(1+8\%)^4}\right]\text{元}\\
&=(9\,259+7\,716+6\,351+5\,145)\text{元}\\
&=28\,471\text{元}
\end{aligned}
$$

该车评估价值为 28 471 元。

【案例二】王先生打算购置一辆二手捷达轿车用于个体出租车运营。

该车的基本信息及经营预测如下：2020 年 5 月购买，并于当月完成车辆登记手续，已行驶里程为 200 000 km。目前车辆技术状况良好，能正常运行；如用于出租车运营，全年预计可出勤 320 天。根据沈阳市场调查，该车型每天平均毛收入约 550 元，每天耗油费用 150 元，年检、保险及各种应支出费用每年 10 000 元，年日常维修保养费用约 12 000 元，年平均大修费用约 1 000 元，人员劳务费 16 000 元。根据目前银行储蓄年利率、行业收益等情况，确定资金预期收益率为 15%，风险报酬率为 5%。假设每年的纯收入相同，试结合上述条件评估该车可接受的最大投资额是多少？

解：（1）根据题目条件，评估方法采用收益现值法。

（2）收益年期 n 的确定：从车辆登记日（2020 年 5 月）至评估基准日（2023 年 5 月）止，该车已使用时间为 3 年，根据国家《汽车报废标准》的规定，出租车规定运营年限为 8 年，车辆剩余使用寿命为 5 年，即收益年期 n=5。

（3）预期收益额的确定

① 根据题设条件，计算预计年毛收入，具体计算见表 5-7。

② 计算年预计纯收入：根据国家个人所得税条例规定，年收入在 40 000 ~ 60 000 元，应缴纳所得税率为 30%，故年预计纯收入为

表 5-7　车辆收入及各种费用支出

预计年收入 / 元	预计年支出 / 元		预计年毛收入 / 元
550 × 320 ＝ 176 000	燃油费	150 × 320 ＝ 48 000	67 400
	保险费、检车费、车船使用税、停车费等费用	10 000	
	维修保养费	12 000	
	车辆大修费	1 000	
	驾驶人工资	16 000（单班）	
	标书租赁费	1 800 × 12 ＝ 21 600	

67 400 元 ×（1−30%）=47 180 元

③ 预期收益额 A= 年预计纯收入为 47 180 元。

（4）折现率 i 的确定：折现率 i= 资金预期收益率 + 风险报酬率 =15%+5%=20%

（5）计算评估值

$$P = A\times\frac{(1+i)^n-1}{i\times(1+i)^n}=47180\times\frac{(1+20\%)^5-1}{20\%\times(1+20\%)^5}\approx 39\ 316.7\text{元}$$

三、应用现行市价法的评估

（一）应用现行市价法评估的步骤

运用现行市价法评估二手车价值通常采用直接市价法和类比调整市价法。

1. 直接市价法

直接市价法是指在市场上能找到与被评估二手车完全相同的车辆的现行市价，并依其价格直接作为被评估二手车评估价格的一种方法。直接市价法应用有以下两种情况。

（1）参照车辆与被评估二手车完全相同。完全相同是指车辆型号、使用条件和技术状况相同，生产和交易时间相近。这样的参照车辆常见于市场保有量大、交易比较频繁的畅销车型，如桑塔纳、捷达等。

（2）参照车辆与被评估二手车相近。这种情况是参照车辆与被评估车辆类别相同、主参数相同、结构性能相同，只是生产序号不同并只做局部改动，交易时间相近，也可近似等同作为评估过程中的参照车辆。这种情况在我国汽车市场上是非常常见的，很多汽车厂商为了追求车型的变化，给消费者一个新的感受，每年都在原车型的基础上做一些小的改动，如车身的小变化、内饰配置的变化等。

直接市价法评估公式为

$$P=P'$$

式中　P——评估值，元；

P'——参照车辆的市场成交价格，元。

2. 类比调整市价法

（1）计算模型

类比调整市价法是指评估二手车时，在公开市场上找不到与之完全相同的车辆，但能找到与之相类似的车辆，以此为参照车辆，并根据车辆技术状况和交易条件的差异对参照车辆的价格做出相应调整，进而确定被评估二手车价格的一种评估方法。其计算公式为

$$P=P'K$$

式中　P——评估值，元；

P'——参照车辆的市场成交价格，元。

K——差异调整系数。

类比调整市价法不像直接市价法对参照车辆的条件要求那么严，只要求参照车辆与被评估二手车大的方面相同即可。

（2）评估步骤

现行市价法评估二手车的步骤如下。

① 收集被评估二手车资料

收集被评估二手车的相关资料，内容包括车辆的类别名称、车辆型号和技术性能参数、生产厂家和出厂年月、车辆用途、目前使用情况和实际技术状况、尚可使用的年限等，为市场数据资料的搜集及参照物的选择提供依据。

② 选取参照车辆

根据了解到的被评估二手车资料，按照可比性原则，从二手车交易市场上寻找可类比的参照车辆，参照车辆的选择应在两辆以上。车辆的可比因素主要包括以下几个方面。

◆车辆型号和生产厂家。

◆车辆用途。

◆车辆使用年限和行驶里程。

◆车辆实际技术性能和技术状况。

◆车辆所处地区。由于地区经济发展的不平衡，收入水平存在差别，在不同地区的二手车交易市场，同样车辆的价格会有较大的差别。

◆市场状况。二手车交易市场是低迷还是复苏、繁荣，车源丰富还是匮乏，车型涵盖面如何，交易量如何，新车价格趋势如何等。

◆交易动机和目的。车辆出售是以清偿还是以淘汰转让为目的，买方是获利转手倒卖还是购买自用。不同情况下的交易作价往往有较大的差别。

◆成交数量。单辆与成批车辆交易的价格会有一定差别。

◆成交时间。应采用近期成交的车辆作类比对象。由于国家经济、金融和交通政策，以及市场供求关系会随时发生一些变化，市场行情也会随之变化，引起二手车价格的波动。

③ 类比和调整

对被评估二手车和参照车辆之间的差异进行分析、比较，并进行适当的量化后调整为可比因素。主要差异及量化方法体现在以下几方面。

◆结构性能的差异及量化。汽车型号、结构上的差别都会集中反映到汽车的功能和性能的差别上，功能和性能的差异可通过功能、性能对汽车价格的影响进行估算（量化调整值=结构性能差异值 × 成新率）。例如，同类型的汽油车，电喷发动机相对于化油器发动机要贵 3 000 ~ 5 000 元；对营运汽车而言，主要表现为生产能力、生产效率和运营成本等方面的差异，可利用收益现值法对其进行量化调整。

◆销售时间的差异与量化。在选择参照车辆时，应尽可能选择评估基准日的成交案例，以免去销售时间差异的量化；若参照车辆的交易时间在评估基准日之前，可采用价格指数法将销售时间差异量化并调整。

◆新旧程度的差异及量化。被评估二手车与参照车辆在新旧程度上存在一定的差异，要求评估人员能够对二者作出基本判断，取得被评估二手车和参照车辆成新率后，以参照车辆的价格乘以被评估二手车与参照车辆成新率之差，即可得到两者新旧程度的差异量，公式为

新旧程度差异量 = 参照车辆价格 ×（被评估二手车成新率 – 参照车辆成新率）。

◆销售数量的差异及量化。销售数量的大小、采用何种付款方式均会对二手车成交单价产生影响。销售数量的不同会造成成交价格的差异，必须对此差异进行分析，适当调整被评估二手车的价值。

◆付款方式的差异及量化。在二手车交易中，绝大多数为现款交易，在一些地区已有二手车的银行按揭销售。银行按揭的二手车与一次性付款的二手车价格差异由两部分组成：一是银行的贷款利息，贷款利息按贷款年限确定；二是汽车按揭保险费，各保险公司的汽车按揭保险费率不完全相同，会有一些差异。

④计算评估值

将各可比因素差异的调整值以适当的方式加以汇总，并据此对参照车辆的成交市价进行调整，从而确定被评估二手车的评估价格。

（二）现行市价法在车辆评估中的应用

1. 现行市价法的优势

现行市价法是一种常用的旧机动车辆评估方法，其显著优势在于能够客观地反映旧机动车辆的市场情况。在现行市价法中，评估的参数和指标直接来源于市场，因此其评估值能够紧密贴合市场的现实价格。这种评估方法不仅提供了准确的价值参考，还为买卖双方提供了公平的交易依据。

此外，现行市价法的评估结果易于被各方面理解和接受。由于基于市场价格的评估方式，使得评估结果更加直观和易于理解。无论是车主、买家还是评估机构，都能够迅速理解并接受这种评估结果。

2. 现行市价法的局限性

现行市价法也存在一些局限性。首先，需要一个公开且活跃的市场作为基础。然而，在我国旧机动车辆市场还处于刚刚建立阶段，市场发育不完全，市场体系不完善，这给寻找合适的参照物带来了一定的困难。

其次，可比因素多而复杂。即使是同一个生产厂家生产的同一型号的产品，由于不同车主的使用强度、使用条件、维护水平等多种因素的影响，其实体损耗、新旧程度都可能各不相同。这增加了评估的难度，需要评估人员具备丰富的经验和专业知识。

3. 现行市价法的应用场合

尽管存在一些局限性，但现行市价法在特定场合下仍然具有广泛的应用价值。首先，在成批收购、鉴定和典当等场合，由于时间紧迫，要求评估人员经验丰富、熟悉车辆的评估鉴定程序、鉴定方法和市场交易情况。在这种情况下，采用现行市价法可以迅速完成评估，提高工作效率。

此外，在单件收购估价时，现行市价法也具有一定的应用价值。虽然此时可以讨价还价，达成双方都能接受的交易价格，但现行市价法仍然可以为双方提供一个合理的价格参考范围，有助于促进交易的顺利进行。

综上所述，现行市价法在旧机动车辆评估中具有一定的优势和局限性。在具备公开、活跃市场条件的情况下，现行市价法能够客观反映车辆的市场情况，为买卖双方提供公平的交易依据。然而，在我国旧机动车辆市场尚未完全发育成熟的背景下，该方法的应用受到一定限制。因此，在实际应用中，需要综合考虑各种因素，选择合适的评估方法。

四、应用清算价格的评估

（一）确定清算价格的具体方法

目前，对于清算价格的确定方法，主要方法有如下三种。

1. 评估价格折扣法

首先，根据被评估二手车的具体情况及所获得的资料，选择重置成本法、收益现值法及现行市价法中的一种方法确定被评估二手车的价格；然后，根据市场调查和快速变现原则，确定一个合适的折扣率。用评估价格乘以折扣率，所得结果即为被评估二手车的清算价格。例如，一辆桑塔纳轿车，经调查得知在二手车交易市场上成交价为 4 万元，根据销售情况调查，折价 20% 可以当即出售，则该车辆清算价格为 $4\times(1-20\%)=3.2$（万元）。

2. 模拟拍卖法

模拟拍卖法也称意向询价法。这种方法是以向被评估二手车的潜在购买者询价的方式取得市场信息，最后经评估人员分析确定其清算价格。用这种方法确定的清算价格受供需关系影响很大，要充分考虑其影响的程度。

例如，有一台 8 t 自卸车，拟评估其拍卖清算价格，评估人员经过对两家运输公司、三个个体运输户征询意向价格，其报价分别为 7 万元、8.3 万元、7.8 万元、8 万元和 7.5 万元，平均价为 7.72 万元。考虑目前各种因素，评估人员确定清算价格为 7.5 万元。

3. 竞价法

竞价法是由法院按照破产清算的法定程序或由卖方根据评估结果提出一个拍卖的底价，在公开市场上由买方竞争出价。

（二）清算价格法的评估实例

某法院欲在近期内将其扣押的一辆轻型载货汽车拍卖出售。至评估基准日止，该汽车已使用了 1 年 6 个月，车况与其新旧程度相符，试评估该车的清算价格。

分析：据了解，本次评估的目的属债务清偿，应采用的评估方法为清算价格法。根据被评估车辆的实际情况和所掌握的资料，决定首先利用重置成本法，确定车辆在公平市场条件下的评估价格。然后，根据市场调查，按一定的折扣率确定汽车的清算价格。求解步骤如下。

① 根据题目已知条件，采用重置成本法确定清算价格。

② 求已使用年限和规定使用年限：该车已使用年限为 1 年 6 个月，折合为 18 个月；根据国家规定，被评估车辆的使用年限为 10 年，折合为 120 个月。

③ 确定车辆的重置成本全价：据市场调查，全新同型车目前的售价为 55 000 元。根据相关规定，购置此型车时，要交纳 10% 的车辆购置税，3% 的货运附加费，故被评估车辆的重置成本全价 B 为

$$B = 55\,000\text{元} \times (1+10\%+3\%) = 62\,150\text{元}$$

④ 确定车辆的成新率：被评估车辆的价值不高，且车辆的技术状况与其新旧程度相符，故决定采用使用年限法确定其成新率，故被评估车辆的成新率 CY 为

$$C_Y = \left(1 - \frac{Y}{Y_g}\right) \times 100\% = \left(1 - \frac{18}{120}\right) \times 100\% = 85\%$$

⑤ 确定被评估车辆在公平市场条件下的评估值：根据调查了解，被评估车辆的功能性损耗及经济性损耗均很小，可忽略不计，故在公平市场条件下，该车的评估值 P 为

$$P = BC = 62\,150\text{元} \times 85\% = 52\,828\text{元}$$

⑥ 确定折扣率：根据市场调查，折扣率取 75% 时，可在清算日内出售车辆，故确定折扣率为 75%。

⑦ 确定被评估车辆的清算价格为

$$\text{车辆的清算价格} = 52\,828\text{元} \times 75\% = 39\,621\text{元}$$

思政之窗

在交易活动中，必须遵循合法合规的原则，恪守诚信，坚持实事求是。对于任何虚假信息的提供或职业道德的违背，均予以严禁。此外，法律法规的理解和遵守必须深入骨髓，决不可逾越法律的红线。特别是身为教师，更应承担起引导学生塑造正确人生观和价值观的重任，助其成长为有担当、有责任感的社会公民。

课后习题

一、选择题

1. 采用收益现值法评估二手车的主要优点是（　　）。

A. 有利于二手车的评估

B. 与投资决策相结合，容易被交易双方接受

C. 能客观反映二手车目前市场情况

D. 其评估参数直接从市场获得，能反映市场现实价格

2. 收益现值法一般适用于（　　）。

A. 公务用车的评估　　B. 投入运营的车辆评估

C. 私家车的评估　　D. 商务用车的评估

3. 重置成本是由（　　）构成。

A. 运输成本与使用成本　　B. 直接成本与间接成本

C. 出厂成本与销售成本　　D. 销售成本与运输成本

4. 无论是国产车还是进口车，一律采用国内现行市场（　　）作为被评估车辆的重置成本全价。

A. 预测的价格　　B. 销售商的报价

C. 二手车的价格　　D. 新车的价格

5. 下列（　　）不是二手车鉴定评估的计价标准。

A. 折扣率标准　　B. 重置成本标准

C. 收益现值标准　　D. 清算价格标准

二、填空题

1. 重置成本法的概念中涉及四个基本要素，即________、________、________和________。

2. 现行市价法又分为________和________。

3. ________是指评估人员采用人工观察的方法，辅助简单的仪器检测，判定被评估二手车的技术等级以确定成新率的一种方法。

4. 折现率是指将________折算成现值的比率。

5. 重置成本法的基本要素包括：________、________、________、________。

项目六

二手车的收购与销售

项目概述

随着我国二手车市场的快速发展，二手车收购、销售量剧增，引来众多厂家品牌二手车置换。二手车置换是消费者用二手车的评估价格加上另行支付的车款从品牌牌经销商处购买新车的业务。本项目主要介绍二手车的收购及销售的影响因素，包含以下两个任务。

任务一：二手车的收购。

任务二：二手车的销售。

通过以上两个任务的学习，帮助读者了解二手车的收购与销售影响因素，掌握二手车的收购与销售流程。

学习目标

知识目标

◆ 了解二手车收购定价的影响因素。

◆ 学会二手车收购定价方法和价格计算方法。

◆ 了解二手车销售的影响因素。

◆ 能够制订二手车的销售策略。

能力目标

◆ 能够运用所学知识，独立完成二手车的收购工作，包括车辆检测、价值评估和价格谈判等。

◆ 能够根据市场需求和车辆特点，制定合理的销售策略，有效推广和销售二手车。

◆ 具备良好的沟通能力和服务意识，能够与客户建立良好关系，提升客户满意度。

素质目标

◆ 加强学生全面思考能力，加深学生逻辑思维。

◆ 培养学生的探索精神、创新精神。

思政目标

◆ 通过课程的学习，让学生具有更加开阔的思维方式，以及对二手车的收购与销售有一个更加清晰的认识，强化学生自身坚韧的品质和社会实践能力。

任务工单

整备翻新二手车

学院		专业	
姓名		学号	

一、接受工作任务

专业的汽车整备翻新，是根据汽车特点，对汽车进行全面而细致的清洁和养护，使汽车恢复美观、舒适、良好的驾乘环境，并延长汽车使用寿命的一种技术手段。请完成整备翻新二手车工作任务。

二、信息收集

（1）（多选题）进行车辆整备时，可用到下列哪些清洗或清洁剂？（　　）

A. 柏油清洗剂　　B. 清水

C. 内饰清洁剂　　D. 铝合金轮毂专用清洁液

（2）（多选题）进行车辆整备时，整备的车辆部位有（　　）。

A. 全车外观　　B. 发动机舱

C. 车厢内部　　D. 行李舱

（3）简要说明发动机室的清洁步骤。

三、制订计划

根据车辆整备的操作要点，制订车辆整备的工作计划。

四、计划实施

请完成车辆整备作业，并记录信息。

1. 全车外观清洁

	整备前情况	整备后情况
	漆面、外观清洁前情况描述： 可能存在的问题： 外观清洁注意事项： 打蜡注意事项：	漆面、外观清洁后情况描述：
	车轮、轮毂、门槛和保险杠下方部位清洁前情况描述：	车轮、轮毂、门槛和保险杠下方清洁后情况描述：

（续表）

2．发动机舱清洁

	整备前情况	整备后情况
	发动机室清洁前情况描述： 需注意哪些问题：	发动机舱清洁后情况描述：

3．车厢内部清洁

	整备前情况	整备后情况
	车厢内部清洁前情况描述： 清洁需注意哪些问题： 给内饰上保养液的注意事项：	车厢内部清洁后情况描述：

4．行李舱的清洁、整理

	整备前情况	整备后情况
	车厢内部清洁前情况描述： 需注意哪些问题：	车厢内部清洁后情况描述：

五、质量检查

请实训指导教师检查作业结果。

序号	检查项目	检查项目结果是否合格	
		合格	不合格
1	车身外观清洁		
2	发动机舱清洁		
3	车厢内部清洁		
4	行李舱的清洁、整理		

六、评价反馈

请根据在本次任务中的实际表现进行评价。

序号	评分标准	评分分值	得分
1	明确工作任务，理解任务在企业工作中的重要程度	5	
2	掌握工作相关知识及填写要点	5	
3	能够对车身外观进行清洁	20	
4	能够对发动机舱进行清洁	25	
5	能够对车厢内部进行清洁	25	
6	能够对行李舱进行清洁、整理	20	
合计（总分 100 分）			

任务一　二手车的收购

二手车的收购

一、二手车收购定价影响因素

1. 车辆的总体价值

二手车收购要充分考虑车辆的总体价值，它包括车辆实体的产品价值和各项手续的价值。

（1）车辆实体的产品价值

除了用鉴定估价的方法评估车辆实体的产品价值外，还应根据经验结合目前市场行情综合评定。主要评定的项目包括：车身外观整齐程度、漆面质量如何等静态检查项目和发动机怠速声音、尾气排放情况等动态检查项目。另外，配置、装饰、改装等项目也很重要，包括有无真皮座椅、电动门窗、中控防盗锁、音响等；有效的改装包括动力改装、悬架系统改装、音响改装、座椅及车内装饰改装等。

（2）各项手续的价值

各项手续主要包括：登记证、原始购车发票或交易过户票、行驶证、购置税本、车船使用费证明、车辆保险合同等。如果收购车辆的证件和税费凭证不全，就会影响收购价格，因为代办手续不但要耗费人工成本，而且可能造成转籍过户中意想不到的麻烦，带来许多难以解决的后续问题。

2. 二手车收购后应支出的费用

二手车收购除支付车辆产品的货币外，从收购到售出时限内，还要支出的费用有：保险费、日常维护费、停车费、收购支出的货币利息和其他管理费等。

3. 环境的变化

二手车收购要注意国家宏观政策、国家和地方法规的变化因素，以及这些影响导致的车辆经济性贬值。市场微观环境主要指新车价格的变动，以及新车型的上市对收购价格的影响。例如，一种新车降价后，旧车的保值率就降低了，贬值后收购价格自然也会降低。另外，新款车型上市挤压旧车型，旧车型价格自然受影响。

4. 经营的需要

二手车经营者应根据库存车辆的多少提高或降低收购价格。例如，本期库存车辆减少、货源紧张时，应适当提高车辆收购价格，以补充货源保证库存的稳定。反之，库存车辆多时，则应降低收购价格。另外一种情况是，某一车型出现断挡情况，该车型的收购价格会提高。如某公司本期二手速腾轿车销售一空，该公司会马上提高速腾车型的收购价格。反之，如果某公司本期二手速腾轿车销路不畅，库存积压显著，那么应降低速腾轿车的收购价格，同时库存速腾轿车的销售价格也会降低。

5. 品牌知名度和维修服务条件

对不同品牌的二手车，由于其品牌知名度和售后服务的质量不同，也会影响到收购价格的制定。如中国第一汽车集团有限公司、上汽大众汽车有限公司、东风汽车集团有限公司、广汽本田汽车有限公司等，其产品具有很高的品牌知名度，技术相对成熟，维修服务体系也很健全，二手车收购定价可以适当提高。

二、二手车收购定价方法与收购价格的计算

（一）二手车收购定价的方法

二手车收购价格的确定是根据其特定的目的，在二手车鉴定估价的基础上，充分考虑市场的供求关系，对评估的价格做快速变现的特殊处理。按不同的原则，一般有以下几种定价方法。

1. 现行市价法、重置成本法的思想方法确定收购价格

由现行市价法、重置成本法对二手车进行鉴定估算产生的客观价格，再根据快速变现原则，估定一个折扣率并以此确定二手车收购价格。如运用重置成本法估算某机动车辆价值为 10 万元，据市场销售情况调查，估定折扣率为 20% 可出售，则该车辆收购价格为 8 万元。

2. 清算价格的思想方法确定收购价格

清算价格的特点是企业（或个人）由于破产或其他原因，要求在一定的期限内将车辆变现。在企业清算之日预期出卖车辆可收回的快速变现价格，具体来说主要根据二手车技术状况，运用现行市价法估算其正常价值，再根据处置情况和变现要求，乘以一个折扣率，最后确定评估价格。

提示： 以清算价格的思想方法确定收购价格，由于顾客要求快速转卖变现，因此其收购估价大大低于二手车市场成交的同类型车辆的公平市价，一般来说也低于车辆现时状态客观存在的价格。

3. 快速折旧的思想方法确定收购价格

根据机动车辆的价值，通过计算折旧额来确定收购价格。年折旧额的计算方法有两种：年份数求和法和双倍余额递减折旧法。

（二）二手车收购价格的计算

二手车收购价格的确定是指在被收购车辆手续齐全的前提下对车辆实体价格的确定。如果所缺失的手续能以货币支出补办，则收购价格应扣除补办手续的货币支出、时间和精力的成本支出，具体采用以下几种方法。

1. 重置成本法进行鉴定估价

运用重置成本法对二手车进行鉴定估价，然后根据快速变现的原则，估定一个折扣率，将被收购车辆的估算价格乘以折扣率，即得二手车的收购价格，公式为

$$收购价格=评估价格 \times 折扣率$$

2. 现行市价法确定评估

运用现行市价法对二手车确定评估价格，再根据上述办法计算收购价格，表达式同上式。

折扣率是指车辆能够当即出售的清算价格与现行市场价格之比值。它的确定是经营者在对市场销售情况充分调查和了解的基础上凭经验而估算的。如某机动车辆运用重置成本法估算价值为 3 万元，根据市场销售情况调查，估定折扣率为 20% 可当即出售，则该车辆收购价格为 2.4 万元。

3. 快速折旧法确定评估

运用快速折旧法，首先计算出二手车已使用年数累计折旧额，然后，将重置成本全价减去累计折旧额，再减去车辆需要维修换件的总费用，即得二手车收购价格，公式为

收购价格＝重置成本全价－累计折旧额－维修费用

维修费用是指车辆现时状态下，某功能完全丧失，需要维修和换件的费用总支出。重置成本全价一律采用国内现行市场价格作为被收购车辆的重置成本全价。

累计折旧额的计算方法是：先用年份数求和法或双倍余额递减折旧法计算出年折旧额后，再将已使用年限内各年的折旧额汇总累加，即得累计折旧额。

提示：在快速折旧计算时，一般 K0 值（二手车原值）取机动车的重置成本全价，而不取机动车原值。

课堂讨论

二手车的收购定价影响因素有哪些?

任务二　二手车的销售

二手车的销售价格是决定二手车流通企业收入和利润的唯一因素。因此，企业必须根据成本、需求、竞争及国家方针、政策、法规并运用一定的定价方法和技巧来对产品制定切实可行的价格政策。

一、二手车销售定价影响因素

1. 成本因素

在二手车的销售定价时，成本是首先必须考虑的基本因素。二手车的销售价格如果不能补偿成本，企业的经营活动就难以维持。确定二手车销售定价时应考虑收购车辆的总成本费用，总成本费用是固定成本费用和变动成本费用之和。固定成本费用是指在既定的经营目标内，不随收购车辆的变化而变动的成本费用，如分摊在这一经营项目的固定资产的折旧、管理人员的工资等项支出。变动成本费用指收购车辆随收购价格和其他费用而相应变动的费用，主要包括车辆实体价格、运输费、公路养路费、保险费、日常保养费、维修费、资金占用的利息等。

2. 供求关系

供求关系表明价格只能围绕价值上下波动，而价值仍然是确定价格水平及变动的决定性因素，企业在定价决策时，除以产品价值为基础外，还可以自觉运用供求关系来分析和制定产品的价格。

对于二手车来说，其需求弹性较强，即二手车价格的上升（或下降）会引起需求量较大幅度地减少（增加）。因此，在对二手车的销售进行定价时，应该把价格定得低一些，薄利多销以达到增加赢利、服务顾客的目的。

3. 竞争状况

为了稳定维持自己的市场份额，二手车的销售定价要考虑本地区同行业竞争对手的价格状况，根据自己的市场地位和定价的目标，选择与竞争对手相同的价格，甚至低于竞争对手的价格进行定价。

4. 国家政策法令

任何国家对物价都有适度的管理，国家可以通过物价部门直接对企业定价进行干预，也可以用一些财政、税收手段对企业定价实行间接影响。

二、二手车销售定价的目标分析

二手车销售定价的目标是指二手车流通企业通过制定价格水平，凭借价格产生的效用来达到预期目的要求。企业在定价以前，必须根据企业的内部和外部环境，制定出既不违背国家的方针政策，又能协调企业的其他经营目标的价格。企业定价目标类型较多，二手车流通企业要根据自己树立的市场观念和市场微观、宏观环境，确立自己的销售定价目标。

企业定价目标主要有两大类，即获取利润目标和占领市场目标。

1. 获取利润目标

利润是考核和分析二手车流通企业营销工作好坏的一项综合性指标，是二手车流通企业最主要的资金来源。以利润为定价目标有三种具体形式：预期收益、最大利润和合理利润。

2. 占领市场目标

以市场占有率为定价目标是一种志存高远的选择方式。市场占有率是指一定时期内某二手车流通企业的销售量占当地细分市场销售总量的份额。市场占有率高意味着企业的竞争能力较强，说明企业对消费信息把握得较准确、充分，资料表明，企业利润与市场占有率正向相关。提高市场占有率是增加企业利润的有效途径。

三、二手车销售定价的方法分析

二手车销售方法是在特定的二手车销售定价目标指导下，根据成本、供求、法律法规等一系列基本因素，运用价格决策理论，对二手车销售价格进行计算的具体方法。二手车销售定价方法一般有三种，即成本导向定价法、需求导向定价法和竞争导向定价法。这三种方法适用于不同的二手车销售定价目标，可根据实际情况择优使用。

知识拓展

办理二手车过户手续

认真核对销售发票，车辆注册登记证书，车辆行驶证，车辆购置税完税正本必须合法有效及养路费、车船使用税缴费发票原件和凭证、车辆检验合格证（车辆在使用中是否按国家相关要求对车辆进行检审）。

买卖双方携带身份证原件、户口簿，如果是外地户口，需要携带暂住证；如果车辆是单位或企业的则需提供组织机构代码证书原件及公章。到车管所进行过户手续，以下是过户流程。

（1）现机动车所有人填写《机动车过户、转出、转入登记申请表》并按规定签章。

（2）交验《机动车行驶证》和《机动车登记证书》（未领取过《机动车登记证书》的，原机动车所有人须填写《补领、换领机动车牌证申请表》并按规定签章）。

（3）提交双方机动车所有人的身份证明原件及代理人的身份证明（汽车过户的，应先经所在地县〈市、区〉车管所〈组〉审核签章）。

（4）交验机动车辆后到交易市场进行交易并按规定办理其他相关手续。

（5）交回《机动车行驶证》（须换发号牌的，同时交回原机动车号牌）。

（6）微机公开选号、领取机动车号牌（在同一辖区内，双方车主均为单位或均为个人，且使用性质不变的，原号牌不变）。

（7）安装号牌、拍摄车辆照片、领证。

四、二手车销售定价的策略分析

二手车销售定价策略是指二手车流通企业根据市场中不同变化因素对二手车价格的影响程度采用不同的定价方法，制定出适合市场变化的二手车销售价格，进而实现定价目标的企业营销战术。

（1）阶段定价策略

阶段定价策略就是根据产品寿命周期各阶段不同的市场特征而采用不同的定价目标和对策，具体内容如下。

① 投入期以打开市场为主。

② 成长期以获取目标利润为主。

③ 成熟期以保持市场份额、利润总量最大为主衰退期以回笼资金为主。

④ 另外还要兼顾不同时期的市场行情，相应修改销售价格。

（2）心理定价策略

心理定价策略就是在补偿成本的基础上，按不同的需求心理确定价格水平和变价幅度。不同的消费者有不同的消费心理，在补偿成本的基础上，按不同的需求心理确定价格水平和变价幅度。尾数定价策略：企业针对消费者的求廉心理，在二手车定价时有意定一个与整数有一定差额的价格。

（3）折扣定价策略

灵活运用价格折扣策略，可以鼓励需求、刺激购买，有利于企业搞活经营，提高经济效益。为了促进销售者、顾客更多地销售和购买本企业的产品，往往根据交易数量、付款方式等条件的不同，在价格上给销售者和顾客一定的减让，这种生产者给销售者或消费者的一定程度的价格减让就是折扣。灵活运用价格折扣策略可以鼓励需求、刺激购买，有利于企业搞活经营，提高经济效益。

（4）最终销售价格确定

为了实现定价目标，二手车流通企业还需要考虑国家的价格政策、用户的要求、产品的性价比、品牌价值及服务水平，应用各种灵活的定价战术对基本价格进行调整，同时将价格策略和其他营销策略结合起来，以确定具体的最终价格。

五、二手车销售最终价格的确定

二手车流通企业通过以上程序制定的价格只是基本价格，只确定了价格的范围和变化的途径。为了实现定价目标，二手车流通企业还需要考虑国家的价格政策、用户的要求、产品的性价比、品牌价值及服务水平，应用各种灵活的定价战术对基本价格进行调整，同时将价格策略和其他营销策略结合起来，如针对不同消费心理的心理定价和让利促销的各种折扣定价等，以确定具体的最终价格。

思政之窗

党的二十大报告指出，“坚持以人民为中心的发展思想。维护人民根本利益，增进民生福祉，不断实现发展为了人民、发展依靠人民、发展成果由人民共享，让现代化建设成果更多更公平惠及全体人民。”

学生在学习二手车收购与销售课程时，学生将会全面深入地掌握汽车行业的多元化领域。通过这一学习过程，学生将积累丰富的专业知识和技能。这些宝贵的经验将为学生未来的职业生涯奠定坚实的基础，助力他们在行业中取得卓越的成就。

课后习题

一、选择题

1. 在用市场价格比较法评估二手车时，参照车辆与被评估车辆完全相同，参照物的市场价为 6.8 万元，则被评估车辆的评估值是（　　）。

A.7.0 万元　　B.6.0 万元　　C.6.8 万元　　D.6.5 万元

2. 在市场价格比较法评估二手车时，参照物的价格应为（　　）。

A. 新车的报价　　B. 预测的车价

C. 新车的现行市价　　D. 二手车市场的现行市价

3．采用市场价格比较法评估二手车时，参照物与被评估车辆不完全相同，但相似，车要进行调整，则调整的是（　　）。

A. 新车的价格　　B. 参照车辆的价格

C. 被评估车辆的价格　　D. 市场上的报价

4．应用市场价格比较法评估二手车的价格，其必要条件是（　　）。

A. 公平和有效市场　　B. 何市场均可

C. 公平市场　　D. 有效市场

5．如果这个市场参照物的价格受到买卖双方特殊关系影响，则（　　）。

A. 就是被评估车辆价格

B. 什么都不是

C. 可作为评估的基础

D. 不能作为评估的基础

二、填空题

1．折旧额的计算方法建议采用________和________两种。

2．二手车的销售价格是决定________和利润的唯一因素。

3．二手车销售定价方法一般有三种，即________、________和________。

4．总成本费用是________和________。

5．________是指一定时期内某二手车流通企业的销售量占当地细分市场销售总量的份额。

项目七

二手车的网络交易

项目概述

二手车交易网是专为二手车买卖在网上搭建的第三方交易平台，为汽车消费者提供丰富的购车信息，是用户购车前参考选购车辆，购车后获得服务、维修和养护资料的综合性汽车资讯网站。本项目介绍常见的二手车交易网站以及瓜子二手车的相关流程，包含以下两个任务。

任务一：典型二手车网络交易商家。

任务二：瓜子二手车的相关流程。

通过以上两个任务的学习，帮助读者了解常见的二手车网络交易平台，以及瓜子二手车的相关流程。

学习目标

知识目标

◆ 能够了解常见的二手车交易平台。

◆ 了解对各个平台的优、缺点。

◆ 熟悉瓜子二手车的相关流程。

◆ 了解二手车电子商务的发展趋势。

能力目标

◆ 掌握瓜子二手车交易的基本流程，包括信息发布、车辆估价、交易撮合、线下看车、交易签约、过户办理和售后服务等。

◆ 能够运用所学知识，分析并评价不同二手车网络交易平台的优缺点，为消费者提供合理的购车建议。

素质目标

◆ 培养学生分析事物的能力。

◆ 培养学生遇事冷静，不畏艰险，迎难而上的品质

思政目标

◆ 通过课程的学习，培养学生对于网络交易有更加清晰的认识，激发学生的思考及探索能力，提高其动手能力。

任务工单

二手车网络交易车检查

学院		专业	
姓名		学号	

一、接受工作任务

小王通过二手车平台购买了一辆汽车，现在需要二手车鉴定评估师小李对车辆进行车身外观检查。

二、信息收集

（1）再检查车辆外观时，需要对车辆的哪些部位进行检查?

（2）简述下列车辆部位的检查要点。

① 后翼子板 	检查要点：
② 前 / 后风窗玻璃、门窗玻璃 	检查要点：
③ 发动机舱盖 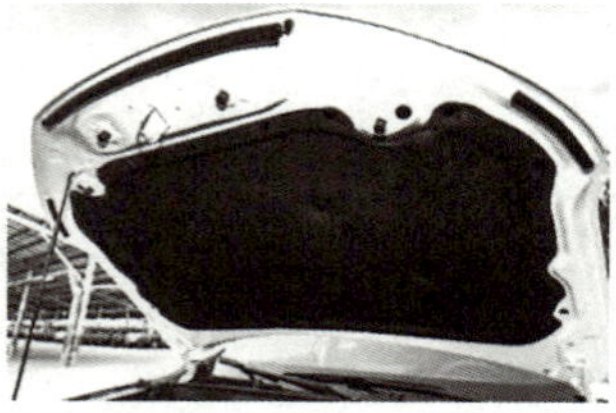	检查要点：
④ 车顶 	检查要点：

三、制订计划

根据车辆外观的检查要点，制订车辆外观检查的工作计划。

（续表 1）

四、计划实施

请完成车辆外观检查作业，并记录信息（车辆外观检查也可在二手车鉴定评估仿真实训系统中进行操作）。

1．左前车门及左 A 柱

<table>
<tr><td rowspan="9">
左前车门可自由打开 / 关闭</td><td colspan="2">检查项目及结果</td></tr>
<tr><td rowspan="2">左前车门</td><td>平整：□是　□否
色差：□是　□否
喷漆：□是　□否
钣金：□是　□否
划痕：□是　□否
变形：□是　□否
凹陷：□是　□否
锈蚀：□是　□否
裂纹：□是　□否
结果描述：________</td></tr>
<tr><td>胶体：□变形　□老化　□正常
铰链：□锈蚀　□正常
固定螺丝：□拧动痕迹　□正常
更换：□有　□否
结果描述：________</td></tr>
<tr><td>左前车窗玻璃</td><td>生产日期：□基本一致　□相差很大
裂纹 / 裂纹：□是　□否
更换：□有　□否
结果描述：________</td></tr>
<tr><td>门框</td><td>变形：□有　□否
结果描述：________</td></tr>
<tr><td>左 A 柱</td><td>修复：□是　□否
喷漆：□是　□否
变形：□是　□否
扭曲：□有　□无
更换：□是　□否
烧焊：□是　□否
褶皱：□是　□否
结果描述：________</td></tr>
<tr><td>左后视镜</td><td>后视镜加热：有□　无□
电动折叠后视镜：有□　无□
更换：□有　□否
结果描述：________</td></tr>
<tr><td>底大边</td><td>焊接：□有　□无
变形：□有　□无
破损：□有　□否
结果描述：________</td></tr>
</table>

（续表 2）

2. 左前翼子板

	检查项目及结果	
	左前翼子板	喷漆：□是 □否 钣金：□是 □否 更换：□是 □否 结果描述：______
	左前轮胎	更换：□是 □否 划痕：□是 □否 裂纹：□是 □否 破损：□是 □否 深度＜ 3 mm：□有 □无 结果描述：______
	左前车轮轮毂	划痕：□是 □否 变形：□是 □否 结果描述：______

3. 发动机舱盖表面（检查车辆正面）

	检查项目及结果	
	前风窗玻璃	生产日期：□基本一致 □相差很大 裂纹 / 裂点：□有 □无 更换：□有 □无 结果描述：______
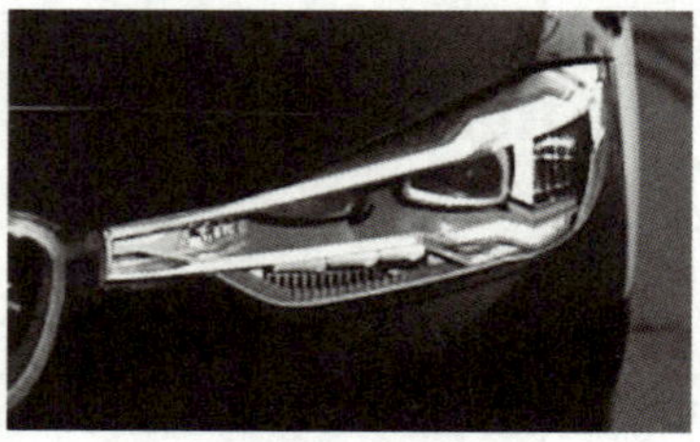	前照灯	灯体：□松动 □正常 灯罩：□划痕 □裂痕 □水雾 结果描述：______
	前保险杠	可见伤：□有 □无 色差：□有 □无 喷漆：□是 □否 钣金：□是 □否 更换：□是 □否 结果描述：______

（续表 3）

<table>
<tr><td>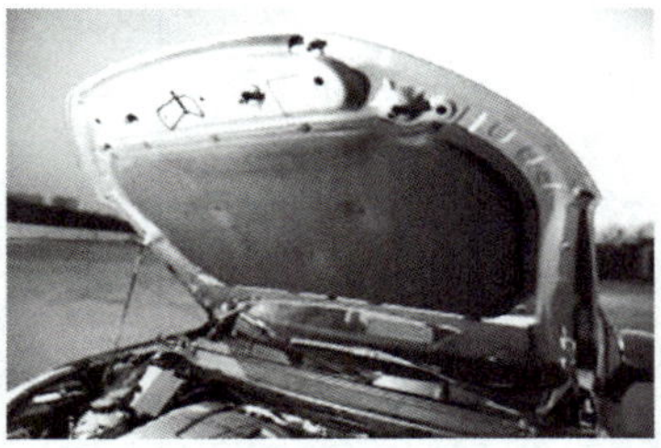</td><td>发动机舱盖</td><td>□更换 □钣金 □喷漆
左右间隙：□平均一致 □异常
铰链：□锈蚀 □正常
边缘封胶：□正常 □异常
结果描述：________________</td></tr>
</table>

4. 右前翼子板，检查方法同步骤 3
5. 右前车门及右 A 柱，检查方法同步骤 1
6. 右后车门及右 B 柱

<table>
<tr><td rowspan="5">
右后车门可自由
打开 / 关闭</td><td colspan="2">检查项目及结果</td></tr>
<tr><td>右后车门</td><td>平整：□是 □否
色差：□有 □无
喷漆：□是 □否
钣金：□是 □否
划痕：□有 □无
变形：□有 □无
凹陷：□有 □无
锈蚀：□有 □无
裂纹：□有 □无
结果描述：________________</td></tr>
<tr><td>整体</td><td>胶体：□变形 □老化 □正常
铰链：□锈蚀 □正常
固定螺丝：□拧动痕迹 □正常
更换：□是 □否
结果描述：________________</td></tr>
<tr><td>门框</td><td>变形：□是 □否
结果描述：________________</td></tr>
<tr><td>右 B 柱</td><td>修复：□是 □否
喷漆：□是 □否
变形：□是 □否
扭曲：□是 □否
更换：□是 □否
烧焊：□是 □否
褶皱：□是 □否
结果描述：________________</td></tr>
</table>

（续表 4）

	C 柱	修复：□是 □否 喷漆：□是 □否 变形：□是 □否 扭曲：□是 □否 更换：□是 □否 烧焊：□是 □否 褶皱：□是 □否 结果描述：________________________ ______________________________
	底大边	焊接：□有 □无 变形：□有 □无 破损：□有 □无 结果描述：________________________ ______________________________

7. 右后翼子板，检查方法同步骤 3

8. 车辆后部（行李舱、油箱盖等）

	检查项目及结果	
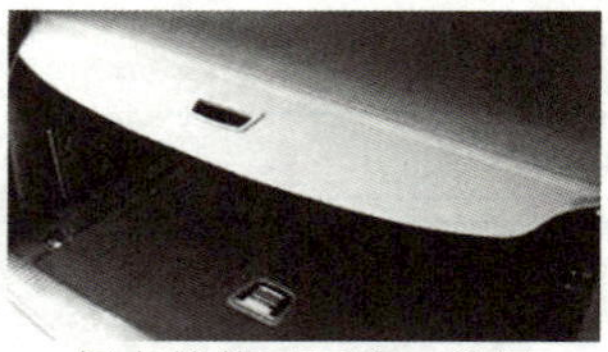 行李舱能否开启 / 关闭	行李舱盖	色差：□有 □无 左右间隙：□平均一致 □异常 喷漆：□是 □否 钣金：□是 □否 结果描述：________________________ ______________________________
	后尾灯	灯体：□松动 □正常 灯罩：□划痕 □裂痕 □水雾 结果描述：________________________ ______________________________
	后保险杠	可见伤：□有 □无 色差：□有 □无 喷漆：□是 □否 钣金：□是 □否 更换：□是 □否 结果描述：________________________ ______________________________
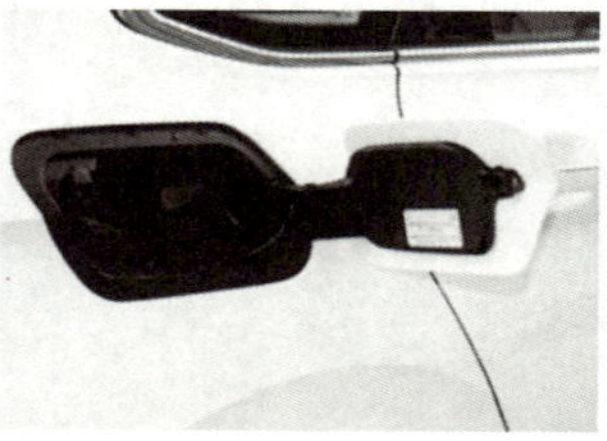	油箱盖	开启：□正常 □卡滞 结果描述：________________________ ______________________________
	后风窗玻璃	生产日期：□基本一致 □相差很大 裂纹 / 裂点：□有 □无 更换：□有 □无 结果描述：________________________ ______________________________

9. 左后翼子板及 C 柱，检查方法同步骤 3

10. 左后车门及左 B 柱，检查方法同步骤 6

（续表 5）

五、质量检查

请实训指导教师检查作业结果。

序号	检查项目	检查结果是否与实车实际相符	
		相符	不相符
1	四门车窗玻璃		
2	前照灯		
3	前保险杠		
4	后保险杠		
5	左前轮		
6	左后轮		
7	右前轮		
8	右后轮		
9	发动机舱盖表面		
10	前风窗玻璃		
11	后风窗玻璃		
12	左后视镜		
13	右后视镜		
14	门框		
15	A 柱		
16	B 柱		
17	C 柱		
18	底大边		
19	左前翼子板		
20	左后翼子板		
21	右前翼子板		
22	右后翼子板		
23	左前车门		
24	左后车门		
25	右前车门		
26	右后车门		
27	行李舱盖		
28	后尾灯		
29	轮胎		
30	油箱盖		

（续表 6）

六、评价反馈

请根据在本次任务中的实际表现进行评价。

序号	评分标准	评分分值	得分
1	明确工作任务，理解任务在企业工作中的重要程度	5	
2	掌握工作相关知识及检查要点	5	
3	能够对车辆外观的正前方进行检查	15	
4	能够对车辆外观左前门处进行检查	15	
5	能够对车辆外观右后门处进行检查	15	
6	能够对车辆后侧（行李舱、油箱盖等）进行检查	15	
7	能够对车辆外观左后门处进行检查	15	
8	能够对车辆外观左前门处进行检查	15	
合计（总分 100 分）			

任务一　典型二手车网络交易商家

常见的网络二手车交易平台有瓜子二手车、优信二手车、人人车、二手车之家、淘车，如图 7-1 所示。

图 7-1　常见的网络二手车交易平台

一、瓜子二手车

1. 瓜子二手车简介

瓜子二手车（图 7–2），成立于 2015 年 9 月，致力于用创新重塑二手车产业，为用户创造更大的价值（图 7–3）。瓜子二手车秉持二手车直卖模式，为用户提供二手车检测定价、居间服务、汽车金融、售后保障、维修保养等一站式服务。

图 7–2　瓜子二手车 LOGO

图 7–3　瓜子二手车官网

作为行业领军者，瓜子二手车始终坚持“没有中间商赚差价”的直卖模式，基于大数据与人工智能能力，在国内率先实现了二手车非标品的标准定价——瓜子价，该定价将逐步成为中国消费者买卖二手车的重要依据。在强大“技术基因”的助力下，瓜子二手车正在推动二手车车况与车价的透明化，对于行业的高速发展起到了革命性的作用。

2017 年 3 月，在上门直卖服务之外，瓜子二手车推出了新零售业务——瓜子二手车直卖店（图 7–4），构建线上线下高度融合的一站式新消费场景。营业面积高达数万平方米的超大型瓜子二手车直卖店为卖家提供实车寄售，买家一次多看、一站购车的综合服务，在技术能力的助力下持续推动服务效率与用户体验的优化升级。瓜子二手车直卖店将成为用户线下二手车消费的城市地标，将实现二手车服务超越国际水平。

图 7–4　瓜子二手车直卖店

2. 服务范围体系

瓜子二手车覆盖全国 30 个省份，通过卫星城策略服务能力覆盖 200 多个城市，金融覆盖城市超 150 个，城市扩张增速持续保持行业第一。

瓜子二手车以交易为核心，已经完成了汽车后市场的主流服务衔接，包括上门评估、交易撮合、陪同过户、售后保障、汽车金融、汽车保险、道路救援、维修保养、新车售卖等九大服务体系。

3. 服务特色

瓜子二手车在直卖业务领域上专注于二手车和汽车后服务市场，瓜子二手车专注于推动国内个人二手车市场发展，瓜子二手车是直接面向二手车买家、卖家的交易服务平台，省去了中间环节（中介、车商等），以互联网连接买家到卖家，给买卖双方更多利益空间。

二、优信二手车

1. 优信二手车简介

优信集团是专业的二手车在线交易服务提供商。它的核心业务涵盖了二手车网络交易、二手车电商零售平台，以及二手车金融衍生服务。优信集团致力于为中国二手车行业的发展做出贡献，利用互联网及移动互联网技术，推动和建立中国未来二手车市场的诚信与高效。

优信集团旗下“优信二手车”，是专业提供二手车零售的电商平台。利用互联网与移动互联网技术，以及企业在二手车行业多年来的专业经验积累，增加二手车交易在消费者心中的透明度，为消费者提供在二手车购买的整个环节中相关的咨询、购买及售后等服务。

2. 主要业务

优信二手车（图 7–5）在全国有 183 个城市实现盈利，整体交易额保持同比 200% 的速度增长，是国内首家实现盈利的二手车电商。面对消费者，优信推出了当下行业内的服务保障标准——优信认证服务，提供 30 天包退，1 年或 20 000 km 保修的质保服务，保障消费者在购车和用车过程中的权益。截至 2023 年，优信二手车在整个 B2C 模式中的二手车市场份额达到了 55%。

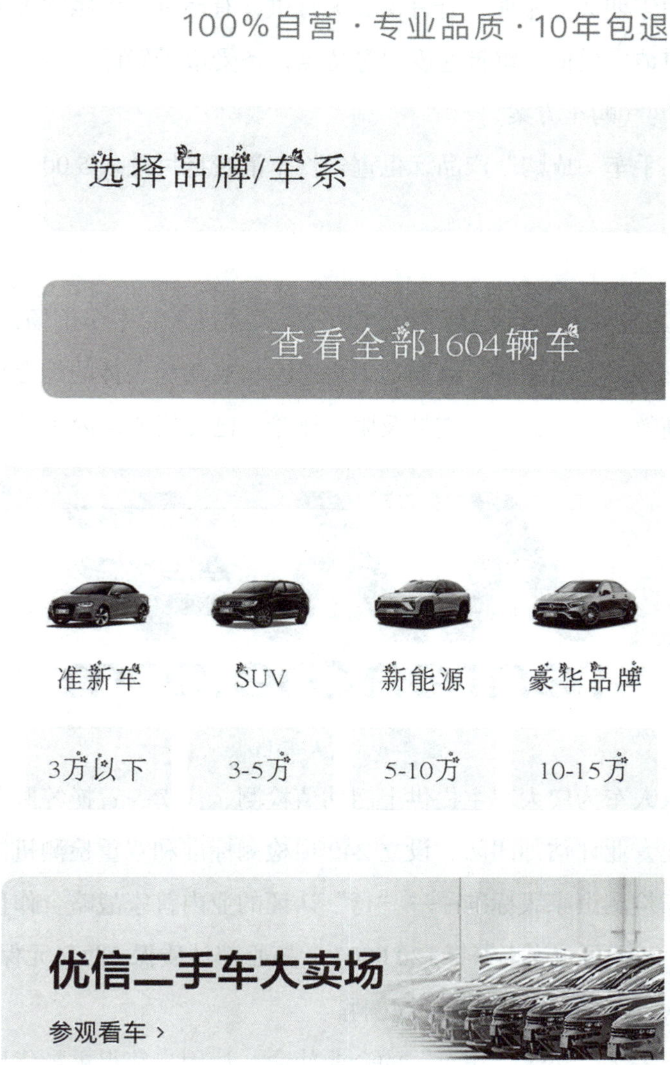

图 7-5　优信二手车官网

3. 产品服务

优信二手车以全方位的服务吸引了广大经销商和消费者的关注与使用。

（1）车源全、信息真实

优信二手车在全国收集了大量车源，满足消费者的充分选择，使经销商接触到潜在消费者，利用互联网的优势，解决时间、空间上的限制。优信二手车凭借获得多项国家专利的车况检测设备“查客”（check auto）设备，保证了上线的每一辆车的信息都透明、真实。

（2）售后无忧承诺

优信二手车与消费者签署“无重大事故承诺书”，优信为通过优信平台成交的车辆提供 158 项全面检测，确保车辆无火烧、水淹及重大事故。如消费者在 30 天内发现车辆存在重大事故损伤，优信二手车将退还全额车款。

（3）“付一半”和“付一小半”购车方案

优信为消费者打造的全新购车方案，首付一半、一小半，甚至更低，使消费者能够以“低首付”开走车辆。消费者可选择两年期 / 三年期，有月供 / 无月供，有尾款 / 无尾款等多款购车方案，优信“付一半”系列产品服务以申请门槛低、审批速度快等特点，备受市场好评。

（4）“二手车一成购”购车方案

优信二手车首推“二手车一成购”产品，也宣告汽车消费首付进入 5 000 元以下时代。

三、人人车

人人车（图 7–6）成立于 2014 年 4 月，率先以 C2C 模式进入二手车市场，并首推二手车严选商城，现已发展成为集二手车交易、金融服务、滴滴运力生态、售后等为一体的综合型汽车交易服务平台，致力于为用户创造透明、高效、省心的汽车交易及服务体验，已发展成国内头部二手车电商平台。

人人车 renrenche.com

图 7–6　人人车 Logo

二手车交易方面，人人车为广大车主提供上门估值检测、代卖、置换等服务。为了严格把控在售车源质量，人人车通过自建专业评估师团队、设立 249 项检测标准和双重检测机制，并同中国汽车流通协会达成合作，成为二手车检测国家级标准——“行”认证的业内首家战略合作伙伴，层层保障只为放心车况。同时，人人车提供 14 天可退车、一年 120 000 km 核心部件质保、两亿元保障金等一系列售后保障，引领行业变革。目前，人人车日均上架车源过万辆。

为践行“让人们放心买车、卖车、用车”的企业使命，让用户获得更加优质、完善的二手车交易服务，人人车率先推出二手车严选商城。作为国内首个二手车电商严选品牌，严选商城采用专家选品模式，从海量好车中精选最优质车源，在线上线下集中展示售卖，打造线上线下一体的二手车交易闭环，为用户提供“闭着眼买好车”的二手车新零售体验。买家可一次性集中挑选优质车源，车辆符合标准的卖家也可提前获得预付车款，极大提升了买卖双方的二手车交易效率和体验。

四、二手车之家

二手车之家隶属于北京盛拓鸿远信息技术有限公司，组建于 2010 年 10 月，提供全国海量二手车出售、转让信息。二手车之家前身为隶属于汽车之家的二手车频道。

二手车之家为二手车买卖双方提供车辆登记、求购信息发布、网上交流对比、市场资讯、行业趋势信息分享等服务，同时整合二手车交易市场、经纪公司等行业资源，为商家和个人提供准确、及时的交易信息服务。

二手车之家的服务贯穿二手车交易各个环节，运用成熟的互联网技术，以海量、真实的二手车信息为基础，坚持诚信、公正的准则，通过政策解析、价格评估、担保、置换和保险等服务，建立专业、严谨、使用便捷的交易体系，推动中国二手车行业的良性发展。

1. 网站原则

二手车之家秉承“消费者利益至上”的原则，为广大用户提供一个庞大、真实、有效的车源展示平台，后续还将整合用户最为关注和需要的价格评估、信用担保、汽车保险等多项线下业务，全面解决用户在买卖二手车环节中可能存在的问题，为用户提供全方位的服务。

2. 核心优势

（1）专业的车辆信息审核团队，严格审核每条车源信息，最大限度上确保车辆信息的真实、合法性。

（2）精准的车源搜索及推荐功能，帮用户快速找到合适的二手车辆信息。

（3）与多个品牌厂商合作，直接向用户提供一手的、有质量保证的二手车辆信息。

（4）海量二手车数据为用户提供买卖二手车的参考价格，以便用户更了解市场行情，更快买、卖爱车。

五、淘车

淘车（图 7–7）是由腾讯、京东等行业重量级企业共同投资，提供二手车交易、金融产品、租赁、保险、保养、轻维修、延保等一站式综合服务，实现线上浏览下单，线下实地体验，旨在为中国二手车消费者提供高效、专业、透明、放心的一站式二手车交易服务平台。

淘车从用户体验出发，打通各消费环节的难点，全面整合行业资源，从而为用户带来更省心的服务体验。同时，通过线下淘车体验店提供的全方位落地服务，全面打造便捷、安全的线上、线下交易闭环。目前，淘车的核心业务分为 B2C、车源和体验店三大板块，可以满足用户购车生命周期的完整需求。

图 7–7　淘车官网

1. B2C

致力于打造“淘车”品牌以及高质量二手车售卖服务，为广大消费者提供涵盖选车、检验、购车、金融在内的全程陪同服务。为用户提供近百万有质量保障的放心车源。拥有雄厚的资金实力去撬动更多资源，而资源在这一行业即意味着获客能力。同时，淘车全面赋能车商，提供线索及资金支持，实现B端到C端的立体服务及高效的网络营销方案。

2. 车源

淘车通过高效便捷的卖方服务体验，提高公司二手车市场车源交易占比；建立公司资源车处置渠道，实现公司回收车源二次盈利；为门店业务、二手车商提供优质的车源解决方案；为个人卖家提供高效的车源处置方案；结合B2C业务线以车源和个人买家为切入点，形成二手车商服务的交易闭环，增加车商黏性，提高行业知名度，打造全国性的拍卖平台。

3. 淘车体验店

以大规模卖场的线下品牌连锁零售店面为主业展示形式，融合线上、线下交易场景，打造二手车零售连锁超市体系；以二手车新零售为战略目标，集二手车采购、整备、摆展、销售、增值服务、售后为一体的线下综合零售场景，为客户带来全新的二手车销售和服务体验，同时也为集团金融业务提供了自有体系的高黏性展示场景。

六、其他二手车交易网站

1. 华夏二手车网

华夏二手车网（图7–8）成立于2003年，隶属于杭州安卡网络技术股份有限公司，依托多年积累和重要的市场影响力，现已经是中国汽车市场不可缺少的网上交易平台。拥有全国90%的二手车车源信息，全国合作汽车经销商已超过8万家，国内市场覆盖率在90%以上。每日更新车源信息在20 000台以上，车源涵盖了市面所有车型，能够完全满足不同用户的购车需求。

华夏二手车网面向全国二手车商及个人，以“本地化、实用性、开放性”为宗旨，为汽车消费者提供丰富可靠的购车信息；是购车者选购车辆的不二之选，是汽车经销商24小时展示企业的优秀媒介；是用户自行创建讨论版、自行管理、自行发展、自由发布信息、沟通交流的必备渠道。此开放模式体现了互联网的自由和自律精神，且快捷、便利、易于掌握，因此深得用户好评。

图7–8　华夏二手车网

2. 车王二手车网

车王二手车网（图 7–9）立足于创造诚信，实施品牌化战略管理，以“更多放心、更多选择”为服务宗旨，以产品标准化、管理流程化、发展规模化为企业经营理念，真正实现了认证车辆全程质量控制体系，为全国的消费者提供性价比极高、品质有保障的专业二手车产品及相关服务，成为引领汽车生活新时尚的创新者和改革者。

图 7–9　车王二手车官网

3. 51 汽车

51 汽车（图 7–10）是一个面向全国的专业二手车信息平台，在地域上覆盖了中国的华东、华北、华南和西南地区；在渠道上，以网络、杂志和热线形成了一个整合的信息发布渠道；在理念上秉承为了解决消费者“我要汽车”的目标，帮助消费者最快获得所需的真实信息和咨询。

51 汽车将围绕着“我要汽车”的理念，以二手车为中心继续向后汽车产业链延伸，在零配件、价格评估和汽车金融领域，为消费者提供增值服务，成为二手车领域的权威。

图 7–10　51 汽车官网

课堂讨论

对于网络二手车的交易应当有哪些注意事项?

任务二　瓜子二手车的相关流程

一、瓜子二手车的购车及相关准备

瓜子二手车可以在电脑平台和手机平台上，通过发送手机验证码的方式来进行各项业务的了解，以及二手车的买卖、汽车金融方面的业务。

1. 购车流程

（1）第一步：线上选车

在瓜子二手车 App 或者网站内，通过“品牌”“价格”“配置”等条件，筛选想要的车源，依靠车价、车况、车辆档案等信息，挑选意向车型。线上选车的更多细节可咨询销售顾问获取。

① 线上预约看车有意向车源后，可以直接在车源信息页面点击“预约顾问”约定看车时间，会有销售顾问联系看车。

② 线上意向金购车抢手车源预计很快被售出，可以先在线支付意向金预留车源（预留 48 h、不满意随时退、抵扣购车费），再与销售顾问约定时间看车。

（2）第二步：了解车况

见面详谈车辆信息，以及购车流程，顾问会准备多辆“同系车”“相似车”，便于对比参考。本地车辆进行实地查看，外地车辆专人上门讲解带看。

（3）第三步：意向定车

车辆满意确认购车，签署完购车委托协议后，支付款项后，完成下单定车流程。金融意向客户需通过金融初审，批复最高贷款额和最低首付比例。

① 签署购车委托协议通过销售顾问约卖家沟通，明确交易意向后，准备各项资料和合同，在瓜子 App 内线上签署购车委托协议，支付意向金，形成法律约束。

② 付款定车车价和服务费确定后，签署完成购车委托协议后，顾问会根据选择的付款方式计算支付金额，交付款项后，瓜子二手车锁定车。

2. 购车相关资料准备

（1）金融购车准备资料

① 需要携带证件：身份证、银行卡、驾驶证。

② 提供资料：基础信息、工作信息、流水信息。

③ 付款定车时，支付金额包含的费用。

④ 全款购车：购车服务费 + 车务费（二次过户才支付）+ 物流费（运输才支付），与（10% ~ 30%）× 成交价；两者取最大值支付。

⑤ 金融 – 标贷购车：首期款 + 购车服务费 + 车务费（二次过户才支付）+ 物流费（运输才支付）。

⑥ 金融 – 全融购车：首期款（其他费用已融入月供）。

（2）过户准备资料

① 身份证。身份证原件 / 代理人身份证原件，外地户籍需要身份证原件 + 居住证原件。

② 购车指标。限购城市需要提供，如北京需带《北京市个人小客车配置指标确认通知书》。

③ 公户购买。除上述外，还需提供如《公司社会信用代码证副本》原件、《组织机构代码证 / 营业执照 / 税务登记证》三证合一原件等资料。

二、买车流程

1. 车源筛选

瓜子二手车网站提供数以万计的各型、各类二手车，供全国各地的二手车需要者进行选择，但买车意向者根据各种条件进行筛选后，往往仅能够得到数量有限的二手车车源。如果筛选中没有符合条件的车源，还可以输入条件进行车源一键订阅，如图 7–11 所示。

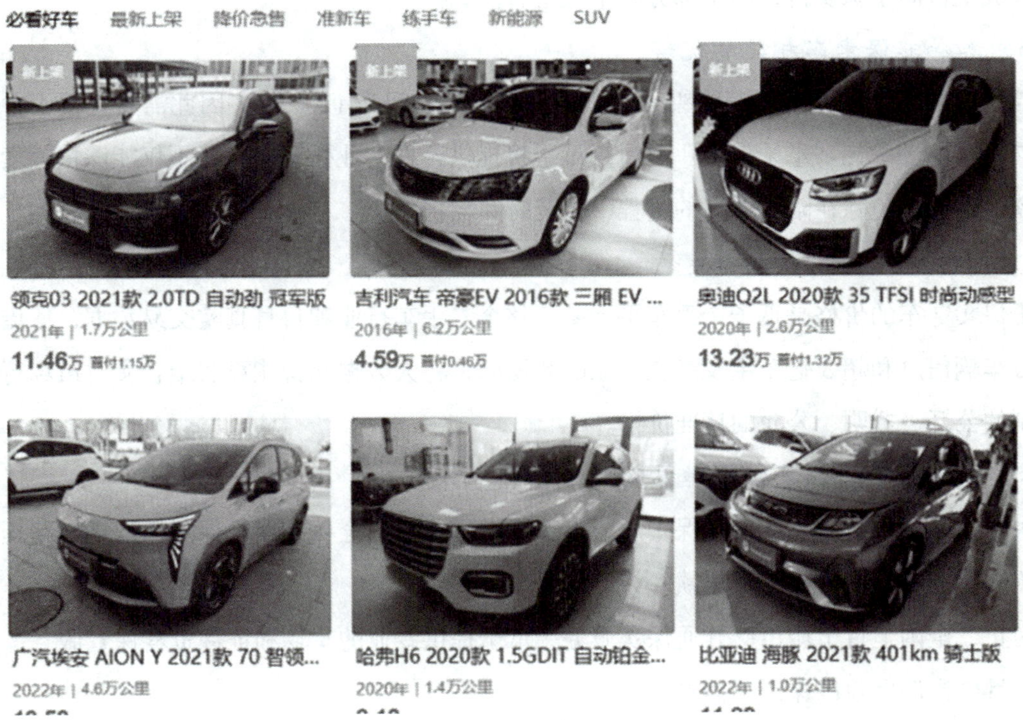

图 7–11　买车类型的筛选

2. 合格车源情况

选中合格车源，点击进入可以看到车源的相关信息。进一步点击查看相关的检测信息，该车型有多达 259 项专业检测，具体的车况信息还可以咨询高级车辆评估师。通过本页面还可以查看该车辆的基本参数、发动机参数、安全配置、外部配置，以及内部配置等相关参数，同时附有该车型各个方位、各个部位、各个细节的高清图片可供购车意向者参考。同时，可进行重大事故检测、泡水火烧检测、调表排查检测、底盘检测、轻微碰撞检测、易损耗部件的检测，以及常用功能检测等专项检测的复检报告。此外，为了直观明了，还给出了外观、内饰检测的相关缺陷部位的位置，可供有意向购车者实地查勘确认相关部位的情况。

三、卖车流程

瓜子二手车作为买卖双方的一个交易平台，是为买卖双方的自由公平交易而搭建的。可以将二手车进行相关估价，以及转入高价卖车等相关业务。平台还推出保卖业务，确保卖方当天拿钱，最低可拿到 50% 的交易额，过户后可拿到剩余款项。面向全国买家锁定最优价格。下面主要介绍“瓜子保卖”具体内容如下。

1. “瓜子保卖”的具体模式

“瓜子保卖”是瓜子针对符合保卖标准的车辆提供的实车寄售服务模式。车辆通过瓜子检测师检测，并确认符合瓜子保卖标准后，可与瓜子确定保卖价款及保卖服务等相关事宜，并签署《保卖服务协议》。如车辆最终成交价高于保卖价，高出部分归个人所有。

2. 保卖车和非保卖车相比的优势

未参与保卖的车辆需要全程陪同买家看车，每次看车时间为 1 ~ 3 h，因此需要花费不少的时间和精力在陪同看车上。参与“瓜子保卖”之后，瓜子将提供全程专业托管服务，不仅能够快速卖车，尽快获得大额款项，还能免除在陪同看车的过程中耗费时间与精力。

3. “瓜子保卖”车的价格确定

“瓜子保卖”车的价格是瓜子二手车平台基于整个二手车行业和自身真实交易数据，凭借多年累积的近 800 万车辆信息和超 3 亿车主及潜在买家的数据库，将大数据和智能算法结合实时市场行情与实际车况，定制的公开、透明、公允的精准价格。

4. 车辆交给瓜子后如果发生碰撞问题

车辆由专业远程代驾运输至瓜子保卖店或者保卖车场，代驾全程有保险保障，如果在路程中发生碰撞，将按照合同上的保卖价格支付车款。

目前为止，全国上百个城市已开通保卖服务。瓜子提供专业的车辆和证件资料保管服务，每天专人盘查看管，且已投保保险以保证车辆安全。

5. 在瓜子买车程序

（1）拨打看车电话 400-069-8627 或在线预约登记。

（2）由瓜子二手车购车顾问陪您上门看车。

（3）看车满意，签署二手车买卖合同及居间服务合同。

（4）瓜子协助过户，支付款项完成交易，好车开回家。

6. 保险办理

方案 1：保险过户：车辆在车管所完成过户后，新车主带着本人证件和原车主身份证，到原保险公司办理过户。

方案 2：申请退保（交强险无法退保）：原车主只缴纳从投保开始到退保期间的保费，其他的保费保险公司会相应退还。之后，新车主就可到任何一家保险公司重新办理车险。

7. 车辆过户

车辆过户需关注车辆是否符合上牌地的迁人标准，具体的过户流程在买车过程中瓜子平台提供过户服务。瓜子二手车可以提供车辆外迁查询。

8. 选择瓜子二手车购车原因

（1）靠谱车况：专业检测师团队，259 项检测，拒收重大事故车、火烧车、水浸车，全程服务。

（2）轻松买车：专业购车顾问陪您看车，协助过户，买车放心不被蒙。

（3）售后保障：为你的爱车保驾护航。

9. 瓜子二手车可否分期

如该车符合瓜子金融分期要求，推荐首期款 1.99 万元，月付 7 437 元。当我们打算进行分期付款时，可点击进入查看分期详情，输人手机号获取验证码。lOs 极速获取额度，最高可得 50 万元，当然这得根据个人的信用情况。为保证交易安全，在付款前进行交易安全方面的重要提示。

10. 车况真实保障

瓜子上架车辆均是经过 259 项专业检测，交车前还会进行深度复检的，确保车况信息完全披露给买家。

任务三　二手车电子商务的发展趋势

一、商业模式创新与用户需求相互驱动

二手车电子商务的发展趋势

经过分析，观察到二手车电子商务目前正处于发展和探索的初期阶段，整体市场格局尚未定型。随着用户消费观念的转变，二手车购买需求将持续增长，为市场注入新的活力。同时，二手车电子商务销售模式的创新，如提供更为透明的车辆信息、强化车辆检测保障以及简化车辆落户等手续，为用户创造了更为便捷和安全的交易环境。这种公开透明的市场信息环境反过

来又进一步激发了用户的购买欲望，从而形成了用户需求与商业模式创新之间的良性互动。

在行业发展初期，一种能够精准满足用户需求的创新商业模式往往能够吸引最大规模的用户群体。随着市场的成熟和竞争的加剧，企业为了满足不断变化的用户需求，必须持续投入于商业模式的创新，进而形成了用户需求与商业模式创新之间的双向促进，推动整个行业呈现螺旋式上升的发展态势。

二、二手车交易模式多元化，共同推动市场发展

在借鉴其他行业成功经验的基础上，二手车电子商务行业也在不断探索和尝试适合本行业发展的优质商业模式。目前，市场上已经出现了竞拍模式、寄售模式、交易资讯发布平台模式以及第三方估值模式等多种交易形式。这些平台各具特色，打破了传统交易在时间和地点上的限制，为买卖双方提供了一个公平、透明的交易环境，为二手车电子商务在发展初期就展现出了旺盛的发展潜力。

三、国家政策的优化将促进二手车市场的繁荣。

近年来，随着环保要求的提升，各地相继出台了一系列限迁政策，这些政策限制了二手车的跨区域流通，对构建全国统一的二手车流通市场产生了较大影响。为此，中华人民共和国商务部已向中国汽车流通协会等行业组织发出了关于开展地区封锁和行业垄断问卷调查活动的通知。中国汽车流通协会积极响应，向商务部提交了取消不合理“限迁”政策的建议，并主张以机动车年检排放标准作为迁入的唯一标准。此外，汽车流通协会还建议国家税务总局调整二手车交易增值税的征收方式，以降低二手车经销商的税务负担。这些政策的优化和调整将极大地激发二手车市场的活力，吸引更多企业参与二手车交易，进而实现车辆资源的优化配置。

四、诚信体系建设的重要性在二手车电子商务发展中尤为突出

传统的二手车市场长期以来存在诸如车况信息不透明、车辆价值评估困难、售后服务缺乏保障以及霸王条款等问题，这些均导致了消费者对二手车市场的商业信誉普遍不高，进而影响了购车意愿。

然而，二手车电子商务的兴起为这一行业带来了转机。通过公开化二手车车况、价格等关键信息，以及采用保证金等模式来明确买卖双方的权利和义务，二手车电子商务极大地提升了市场的信誉度。这不仅为消费者提供了更为透明、公正的购车环境，更为二手车市场的健康、有序发展开启了新的篇章。

五、PC 端仍是二手车电子商务的主流模式，移动端增长充满想象

目前，尽管二手车电子商务主要侧重于 PC 端，但随着移动网民用户的持续增长和移动互联网环境的逐步优化，未来二手车电子商务的业务重心将逐渐向移动端转移。目前，移动端主要聚焦于信息发布，尚未形成稳定的营收模式。然而，随着各企业对移动端的日益重视，将有望催生出更多创新的商业模式和盈利空间，使得移动端市场充满无限潜力。

六、线上 + 线下，二手车竞拍模式优势突出

对于二手车电商平台而言，要想赢得消费者的信任，必须确保所交易的车辆真实存在，对车辆状况进行如实检测，并提供安全的汽车物流、优质的售后落户、质保等服务。这种线上与线下相结合的模式，能够有效地消除消费者的购车顾虑，从而促进交易的顺利进行。

二手车竞拍模式有效消除了消费者信息不对称的问题，使交易过程更加公正与透明。在竞拍机制下，价格由竞拍者自行决定，从而保证了价格的合理性与公正性。因此，二手车竞拍平台得以吸引更多的买卖双方参与，实现资源的优化配置与集中。公开、高效、透明的二手车竞拍模式有望成为未来二手车交易的主流模式。

思政之窗

通过深度参与二手车网络交易活动，学生不仅能够锤炼个人的实践技能和社交本领，更可以涵养诚信品格和法治意识。这些品质与素养对于个人全面发展与社会和谐进步具有不可或缺的积极意义。因此，我们鼓励学生积极投身二手车网络交易的实践，以实际行动促进网络交易的规范有序发展，为社会的繁荣稳定贡献青春力量。

课后习题

一、选择题

1．出租车规定使用年限为 8 年，一辆车租车已使用了 3 年，则此车的成新率为（　　）。

A.0.65　　B.0.4　　C.0.5　　D.0.385

2．用收益现值法评估一辆二手车，其剩余使用年限为 2 年，经预测这两年预期收益为：第一年 10 000 年，第二年为 8 000 元，设折现率为 15%，则评估值为（　　）。

A.1.38 万元　　B.1.52 万元　　C.1.24 万元　　D.1.47 万元

3．在二手车市场上，由于车辆颜色不受欢迎，使车辆的评估值降低，这种贬值是（　　）。

A. 经济性贬值　　B. 都不是　　C. 实体性贬值　　D. 功能性贬值

4．车辆现行市价是指（　　）。

A. 车辆在公平市场上售卖的价格　　B. 车辆的收购价格

C. 现在市场上新车价格　　D. 车辆拍卖价格

5．以下哪项不可做为汽车来历凭证（　　）。

A. 二手车专用发票　　B. 法院出具的财产转移判决书

C. 新车销售发票　　D. 车辆购置税凭证

二、填空题

1. 旅行车属于__________。

2. 金融购车准备资料需要携带证件：__________、__________、__________。

3. 瓜子保卖是瓜子针对符合保卖标准的车辆提供的__________。

4. 瓜子金融精选几十款金融方案，在二手车货款方面最快可以__________审批完成，针对每辆车进行方案定制，高审批通过率。

5. 瓜子二手车以交易为核心，已经完成了汽车后市场的主流服务衔接，包括上门评估、__________、陪同过户、__________、__________、汽车保险、道路救援、维修保养、新车售卖等九大服务体系。

项目八

二手车鉴定评估报告的撰写

项目概述

《二手车鉴定评估报告》是鉴定评估工作的成果，也是鉴定评估工作的必要环节。评估报告要根据车辆技术状况鉴定等级和价值评估结果来撰写，任何一个环节和内容的填写都要保证有据可查，有理可依。本项目主要二手车鉴定评估报告的撰写，包含以下两个任务。

任务一：二手车鉴定评估报告书的基本内容。

任务二：二手车鉴定评估报告书的基本要求。

通过以上两个任务的学习，帮助学生了解常见的二手车鉴定报告撰写的相关流程。

学习目标

知识目标

◆ 了解二手车鉴定评估报告的作用。

◆ 掌握二手车鉴定评估报告的撰写方法及要求。

能力目标

◆ 能够正确撰写二手车鉴定评估报告。

素质目标

◆ 培养学生分析事物的能力。

◆ 培养学生的遇事冷静，不畏艰险，迎难而上的品质

思政目标

◆ 培养学生的法治观念和道德观念，能够自觉遵守法律法规、社会公德、职业道德。培养学生爱岗、敬业意识，在工作中能够坚持诚信、公平、公正、公开的原则。提高学生服务国家服务人民的社会责任感，培养德智体美劳全面发展、堪当民族复兴大任的社会主义建设者和接班人。

任务工单

撰写二手车鉴定评估报告

学院		专业	
姓名		学号	

一、接受工作任务

车辆经过静态检查、动态检查，以及价值评估后，鉴定评估机构要向委托方出具鉴定评估报告。

二、信息收集

（1）（多选题）二手车鉴定评估报告的作用有哪些？（　　）

A．为被委托的车辆提供作价意见

B．二手车评估报告书是建立评估档案，归集评估档案资料的重要信息来源

C．对二手车评估报告书进行审核，是管理部门完善汽车评估管理的重要手段

D．明确知道车辆价值

（2）（多选题）下列属于二手车鉴定评估报告中包含的内容有（　　）。

A．封面　　B．委托方与车辆所有方简介

C．鉴定评估对象　　D．鉴定评估基准日

（3）简要说明二手车鉴定评估报告撰写的基本要求。

____

____

三、制订计划

根据二手车鉴定评估报告的编写步骤，制订出具二手车鉴定评估报告的工作计划。

四、计划实施

1．车辆情况信息

（1）委托方信息及评估机构信息。

委托方	王琦	委托方联系人	王琦
联系电话	13222××××× ×	车主姓名 / 名称	王琦
鉴定评估机构名称	×××市永润二手车鉴定评估有限公司	评估基准日	2022 年 11 月 14 日
二手车鉴定评估师	郑杰	复核人	王放

（2）鉴定评估车辆信息。

厂牌型号	大众牌 FV7207BCDBG	牌照号码	冀 A54321
发动机号	085843	车辆识别代号 / 车架号	LFV3A23C4H3129387
注册登记日期	2022 年 01 月 03 日	年审检验合格有效期至	2022 年 1 月
交强险截止日期	2023 年 01 月 02 日	车船税截止日期	2023 年 1 月
是否查封、抵押车辆	□是 □否	车辆购置税（费）证	□有 □无
机动车登记证书	□有 □无	机动车行驶证	□有 □无
未接受处理的交通违法记录	□有 □无	使用性质	家庭用车
行驶里程	3 600 km	已使用年限	10 个月
原始价格	256 700.00 元		

（续表 1）

（3）技术鉴定结果。

① 车身骨架检查（检查车身骨架，各结构正常，无事故痕迹）——5 分
② 车身检查（行李舱盖有一块面积约 200 mm × 280 mm 的划痕）——19 分
③ 发动机舱检查（正常）———20 分
④ 驾驶舱检查（转向盘自由行程过大，大于 25°）——9 分
⑤ 起动检查（正常），驻车制动系统结构完整——20 分
⑥ 路试检查（路试过程中，底盘部位有异响）———13 分
⑦ 底盘检查（正常）———15 分
⑧ 功能性零部件齐全完整，功能正常——5 分
总分：96 分。 一级。 该车技术状态良好，行李舱盖有划痕，转向盘自由行程过大，路试过程中底盘有异响，底盘无渗漏，可以进行交易。

（4）重要配置及参数信息。

燃料标号	95	排量 /mL	1984	缸数	4
发电机功率	162 KW	排放标准	国 V	变形器形式	DCT
安全气囊	有	驱动方式	前置前驱（FF）	ABS	有

（5）价值评估。

重置成本法计算模型：评估值 = 更新重置成本 × 综合成新率，更新重置成本为 246 960.35 元；综合成新率为 95.38%。

2．根据车辆实际情况，请完成二手车鉴定评估报告填写工作

二手车鉴定评估报告

二手车评估中心鉴定评估机构评报字（20 年）第 × × 号

一、序言

__________（鉴定评估机构）接受__________的委托，根据国家有关评估规定、《二手车流通管理办法》和《二手车鉴定评估技术规范》（GB/T 30323—2013），本着客观、独立、公正、科学的原则，按照公认的评估方法，对牌号为__________的车辆进行了鉴定。本机构鉴定评估人员按照必要的程序，对委托鉴定评估的车辆进行了实地查勘与市场调查，并对其在______年______月______日所表现的市场价值做出公允反映。

二、委托方信息

委托方：____

委托方联系人：____

联系电话：____

车主姓名 / 名称：（填写机动车登记证书所示的名称）

三、鉴定评估基准日在______年______月______日

四、鉴定评估车辆信息：

厂牌型号：____

牌照号码：____

发动机号：____

车辆识别代号 / 车架号：____

车身颜色：____

表征里程：____

注册登记日期：____

年审检验合格有效期至：______年______月______

交强险截止日期：______年______月______日

车船税截止日期：______年______月

（续表 2）

是否查封、抵押车辆：□是 □否
车辆购置税（费）证：□有 □无
机动车登记证书：□有 □无
机动车行驶证：□有 □无
未接受处理的交通违法记录：□有 □无
使用性质：□公务用车 □家庭用车 □营运用车 □出租车 □其他______
五、技术鉴定结果
技术状况缺陷描述：____________________________
重要配置及参数信息：__________________________
技术状况鉴定等级：____________________________
等级描述：____________________________________
六、价值评估
价值估算方法：口现行市价法　口重置成本法　口其他____________________________
计算过程：____________________________
价值估算结果：车辆鉴定评估价值为人民币________________元，金额大写：________________
七、特别事项说明
八、鉴定评估报告法律效力
本鉴定评估结果可以作为作价参考依据。本项鉴定评估结论有效期为 90 天，自鉴定评估基准日至__________年__________月__________日止。
九、声明
（1）本鉴定评估机构对该鉴定评估报告承担法律责任。
（2）本报告所提供的车辆评估价值为评估基准日的价值。
（3）该鉴定评估报告的使用权归委托方所有，其鉴定评估结论仅供委托方为本项目鉴定评估目的使用和送交二手车鉴定评估主管机关审查使用，不适用其他目的，否则本鉴定评估机构不承担相应法律责任；因使用本报告不当而产生的任何后果与签署本报告书的鉴定评估人员无关。
（4）本鉴定评估机构承诺，未经委托方许可，不将本报告的内容向他人提供或公开，否则本鉴定评估机构将承担相应法律责任。
附件：
一、二手车鉴定评估委托书
二、二手车鉴定评估作业表
三、车辆行驶证、机动车登记证书复印件
四、被鉴定评估二手车照片（要求外观清晰，车辆牌照能够辨认）

二手车鉴定评估师（签字、盖章）　　　　复核人（签字、盖章）
（二手车鉴定评估机构盖章）

年　月　日　　　　　　　　年　月　日

特别事项是指在已确定鉴定评估结果的前提下，鉴定评估师认为需要说明在鉴定过程中已发现可能影响鉴定评估结论，但非鉴定评估师执业水平和能力所能鉴定评估的有关事项以及其他问题。
复核人是指具有高级二手车鉴定评估师资格的人员。
备注：（1）本报告书和作业表一式三份，委托方两份，受托方一份。
（2）鉴定评估基准日即为《二手车鉴定评估委托书》签订的日期。

五、质量检查

请实训指导教师检查作业结果。

序号	检查项目	填写情况（准确程度）
1	委托方信息	
2	技术鉴定结果	
3	车辆技术状况等级	
4	重要配置及参数信息	
5	价值评估	

（续表 3）

评价反馈

请根据在本次任务中的实际表现进行评价。

序号	评分标准	评分分值	得分
1	明确工作任务，理解任务在企业工作中的重要程度	15	
2	掌握工作相关知识及填写要点	15	
3	对车辆的检查结果进行分析	25	
4	准确填写二手车鉴定评估报告	30	
5	准确出具二手车鉴定评估报告	15	
合计（总分 100 分）			

任务一　二手车鉴定评估报告书的作用与格式

一、二手车鉴定评估报告书的作用

二手车鉴定评估报告是卖方（或是法院、检察院等）了解车辆真实情况的有效保证。具有一定的重要性。这不仅是一份工作总结，而且是承载着法律效力的资产评估公正性文件。二手车鉴定评估书的作用如下。

（1）作为买方支付费用的合理依据。

（2）作为鉴定评估双方认可的有效文件。

（3）作为参照车辆为其他鉴定评估提供现行市价的评估基础。

（4）作为谈判底价或竞标、抵押贷款和投资出资参考依据。

（5）作为国有资产审计、会计记账与调整的证明材料。

（6）作为财产纠纷时法院判决的举证材料。

（7）作为体现鉴定评估成果的总结性材料和评估质量反映材料。

撰写二手车鉴定评估报告时，可以按照固定的格式行文，从而批量处理二手车评估工作，也可以针对二手车的特点进行专题性报告的撰写。通常，批次少的进口车辆、昂贵的或定制的高端车辆等个案，采用专题性报告撰写方式，而批量大的企业车辆、单批次量小、市场保有量丰富的车辆采用固定的行文格式，可以根据车辆的情况、委托人的要求、市场的状况等评估环境，灵活地把握撰写方式。

二、评估报告书的重要性

（1）为被委托的车辆提供作价意见。二手车评估报告书是经具有汽车评估资格的机构根据委托评估的车辆的状况，由专业的二手车鉴定评估师遵循评估的原则和标准，按照法定的程序，运用科学的方法对被委托评估的车辆价值进行评估和估算后，通过报告书的形式提出作价的意见。该作价意见不代表任何当事人一方的利益，并且是一种专家估价意见，具有较强的公正性和科学性，因而成为被委托评估车辆作价的参考依据。

（2）二手车评估报告书是反映和体现评估工作情况，明确委托方、受托方及有关方面责任的根据，采用文字的形式，对受托方进行汽车评估的目的、背景、产权、依据、程序、方法等过程和评定的结果进行说明和总结，体现了评估机构的工作成果。同时，汽车鉴定评估报告也反映和体现了受委托的汽车评估机构与鉴定评估师的权利和义务，并以此来明确委托方和受托方的法律责任。

（3）二手车评估报告书是建立评估档案，归集评估档案资料的重要信息来源。二手车评估机构和鉴定评估师在完成评估任务后，必须按照档案管理的有关规定，将评估过程收集的资料、工作记录以及评估过程的有关工作底稿进行归档，以便进行评估档案的管理和使用。

由于二手车评估报告书是对整个评估过程的工作总结，其内容包括了评估过程的各个具体环节和各有关资料的收集和记录，所以，不仅评估书的底稿是评估档案归集的主要内容，而且撰写二手车评估报告过程中采用的各种数据、各个依据及工作底稿等都是二手车评估档案的重要信息来源。

（4）对二手车评估报告书进行审核，是管理部门完善汽车评估管理的重要手段。二手车评估报告书是反映评估机构和二手车鉴定评估师职业道德、职业能力水平、评估质量高低和机构内部管理机制完善程度的重要依据。有关管理部门通过审核二手车评估报告书，可以有效地对评估机构的业务开展情况进行监督和管理，对评估工作中出现的不足加以完善。

三、鉴定评估报告的格式

根据2014年发布的《二手车鉴定评估技术规范》，二手车鉴定评估报告的范本如下：

二手车鉴定评估报告（示范文本）

××××鉴定评告机构评报字（20××年）第××号

一、绪言

________（鉴定评估机构）接受________的委托，根据国家有关评估及《二手车流通管理办法》和《二手车鉴定评估技术规范》的规定，本着客观、独立、公正、科学的原则，按照公认的评估方法，对牌号为________的车辆进行了鉴定。本机构鉴定评估人员按照必要的程序，对委托鉴定评估的车辆进行了实地查勘与市场调查，并对其在____年____月____日所表现的市场价值作出了公允反映。现将该车辆鉴定评估结果报告如下。

二、委托方信息

委托方：____________　　委托方联系人：____________

联系电话：____________　　车主姓名/名称：____________《填写机动车登记证书所示的名称》

三、鉴定评估基准日____年____月____日

四、鉴定评估车辆信息

厂牌型号：__________　牌照号码：__________

发动机号：__________　车辆 VIN 码：__________

车身颜色：__________　表征里程：__________初次登记日期：__________

年审检验合格至______年______月　交强险截止日期：______年______月

车船税截止日期______年______月

是否查封、抵押车辆：□是 □否　车辆购置税（费）证：□有 □无

机动车登记证书：□有 □无　机动车行驶证：□有 □无

未接受处理的交通违法记录：□有 □无

使用性质：□公务用车 □家庭用车 □营业性用车 □出租车 □其他

五、技术鉴定结果

技术状况缺陷描述：____

重要配置及参数信息：____

技术状况鉴定等级：______________________等级描述：______________________

六、价值评估

价值估算方法：□现行市价法 □重置成本法 □其他

价值估算结果：车辆鉴定评估价值为人民币__________元，金额大写：________________

七、特别事项说明

八、鉴定评估报告法律效力

本鉴定评估结果可以作为作价参考依据。本项鉴定评估结论有效期为 90 天，自鉴定评估基准日至______年______月______日止。

九、声明

（1）本鉴定评估机构对该鉴定评估报告承担法律责任。

（2）本报告所提供的车辆评估价值为评估基准日的价值。

（3）该鉴定评估报告的使用权归委托方所有，其鉴定评估结论仅供委托方为本项目鉴定评估目的使用和送交二手车鉴定评估主管机关审查使用，不适用于其他目的，否则本鉴定评估机构不承担相应法律责任；因使用本报告不当而产生的任何后果与签署本报告书的鉴定评估人员无关。

（4）本鉴定评估机构承诺，未经委托方许可，不将本报告的内容向他人提供或公开，否则本鉴定评估机构将承担相应法律责任。

附件

一、二手车鉴定评估委托书

二、二手车技术状况鉴定作业表

三、车辆行驶证，机动车登记证书证复印件

四、被鉴定评估二手车照片（要求外观清晰，车辆牌照能够辨认）

二手车鉴定评估师（签字、盖章）　　　　　　　　　　　复核人（签字、盖章）

（二手车鉴定评估机构盖章）

年　　月　　日　　　　　　　　　　　　　　　　　　　　年　　月　　日

（1）特别事项是指在已确定鉴定评估结果的前提下，鉴定评估人员认为需要说明在鉴定过程中已发现可能影响鉴定评估结论，但非鉴定评估人员执业水平和能力所能鉴定评定信算的有关事项以及其他问题。

（2）复核人是指具有高级二手车鉴定评估师资格的人员。

备注：1. 本报告书和作业表一式三份，委托方二份，受托方一份；

2. 鉴定评估基准日即为《二手车鉴定评估委托书》签订的日期。

知识拓展

二手车鉴定评估师

二手车鉴定评估师是指从事二手车车辆技术鉴定及价格评估一种职业资格，是国务院规范国家资产评估行业后设置的六类评估专业之一。

二手车鉴定评估师是一个技术性比较强的工种，如果直接从事二手车的鉴定与估价工作，不仅需要扎实的理论基础，还需要多年的经验积累，更需要了解市场。考取二手车鉴定评估师资格的人员，有的也在从事二手车置换、收购、拍卖、经纪等经营。

任务二　二手车鉴定评估报告书的基本要求

一、评估报告的要求及内容

撰写二手车鉴定评估报告书时，应实事求是，切忌出具虚假报告。报告拟定人应是参与鉴定评估并全面了解被评估车辆的主要鉴定评估人员。

报告书文字、内容要前后一致，正文、评估说明、作业表、鉴定工作底稿、数据要相互一致，不能出现相互矛盾、不一致的情况。同时要注意报告书完成后，要按业务约定的时间及时送交委托方，并保证相关文件齐全。

1. 基本要求

（1）必须依照客观、公正、实事求是的原则，由二手车鉴定评估机构独立撰写鉴定评估报告，并如实反映鉴定评估的实际情况。

（2）报告中应有委托单位（或个人）的名称、二手车鉴定评估机构的名称和印章、二手车鉴定评估机构的法人代表或其委托人和二手车鉴定评估师的签字，以及提供报告的日期。

（3）报告中要写明评估基准日，并且不得随意更改。所有在估价中采用的税率、费率、利率和其他价格标准，均应采用基准日的标准。

（4）报告中应写明估价的目的、范围、二手车的状态和产权归属。

（5）报告中应简述鉴定评估的过程，写明评估的方法。

（6）报告中应有明确的鉴定估算价值的结果，以及二手车的成新率、原值、重置价值、评估价值。

（7）鉴定估价报告附件应齐全。

2. 主要内容

（1）封面

报告封面应包含二手车的基本信息，如车型、车牌号、车辆识别号（VIN 码）、评估日期等。

（2）首部

① 标题。

② 报告书序号。报告书序号应符合公文的要求，包括评估机构特征字、公文种类特征字、年份、文件序号等。

（3）序言

序言里应写明该评估报告委托方的全称、受委托评估事项及评估工作的整体情况。

（4）委托方与车辆所有方简介

在报告中应写明委托方、委托方联系人的名称、联系电话及住址以及车主的名称。

（5）鉴定评估目的

在报告中应写明本次鉴定评估是为了满足委托方的何种需要及其所对应的经济行为类型。

（6）鉴定评估对象

在报告中需简要写明车辆的厂牌型号、车牌号码、发动机号、车辆识别代号 / 车架号、注册登记日期、年审检验合格有效日期、公路规费交至日期、车辆购置税证号码、车船使用税缴纳有效期。

（7）鉴定评估基准日

在报告中写明车辆鉴定评估基准日的具体日期，式样为：鉴定评估基准日是 ×××× 年 ×× 月 ×× 日。

（8）评估原则

评估原则应严格遵循客观性、独立性、公正性、科学性的原则。

（9）评估依据

评估依据一般包括行为依据、法律法规依据、产权依据和评定及取价依据等。

① 行为依据。行为依据是指二手车鉴定评估委托书、法院的委托书等经济行为文件。

② 法律法规依据。法律法规依据包括车辆鉴定评估的有关条款、文件及涉及车辆评估的有关法律、法规等。

③ 产权依据。产权依据是指被评估车辆的机动车登记证书或其他能够证明车辆产权的文件等。

④ 评定及取价依据。评定及取价依据为鉴定评估机构收集的国家有关部门发布的统计资料和技术标准资料，以及评估机构收集的有关询价资料和参数资料等。

（10）评估方法及计算过程

在报告中简要说明鉴定评估师在评估过程中所选择并使用的评估方法；简要说明选择评估方法的依据或原因（如评估时采用一种以上的评估方法，应适当说明原因并说明该资产评估价值的确定方法；对于所选择的特殊评估方法，应适当介绍其原理与适用范围；简要说明各种评估方法的主要计算步骤等）。

（11）评估过程

在报告中应反映二手车鉴定评估机构自接受评估委托起到提交评估报告止的工作过程，包括接受委托、验证、现场查勘、市场调研与询问、评定估算和提交报告等过程。

（12）评估结论

在报告中给出被评估车辆的评估价格、金额（小写、大写）。

（13）特别事项

在报告中应说明鉴定评估师认为需要说明的其他问题，但非鉴定评估师职业水平和能力所能评定估算的有关事项，应提示评估报告使用者注意。

（14）评估报告的法律效力

在报告中应说明评估报告的有效日期，特别提示评估基准日的期后事项对评估结论的影响，以及评估报告的使用范围等，常见写法如下。

① 本项评估结论有效期为 90 天，自评估基准日至 ×××× 年 ×× 月 ×× 日止。

② 当评估目的在有效期内实现时，本评估结果可以作为交易价参考依据；超过 90 天，需重新评估。另外在评估报告的有效期内若被评估车辆的市场价格发生变化或因交通事故等原因导致车辆的价值发生变化，对车辆评估结果产生明显影响时，委托方也需重新委托评估机构进行评估。

③ 鉴定评估报告书的使用权归委托方所有，其评估结论仅供委托方为本项目评估目的使用或送交二手车鉴定评估主管机关审查使用，不适用于其他目的；因使用本报告书不当而产生的任何后果与签署本报告书的鉴定评估师无关；未经委托方许可，本鉴定评估机构承诺不将本报告书的内容向他人提供或公开。

（15）鉴定评估报告的提出日期

在报告中应写明评估报告应提交委托方的具体时间，评估报告原则上应在确定的评估基准日后 1 周内提出。

（16）附件

附件包括二手车鉴定评估委托书、二手车鉴定评估作业表、车辆行驶证、车辆购置税、车辆登记证书复印件、二手车鉴定评估师资格证书复印件、鉴定评估机构营业执照复印件、鉴定评估机构资质复印件和二手车照片等。

（17）尾部

尾部应写明出具评估报告的评估机构名称并盖章；写明评估机构法定代表人姓名并签名；鉴定评估师盖章并签名；高级鉴定评估师审核签章；注明报告日期。

二、评估报告的撰写方法

（一）编制二手车鉴定评估报告书的步骤

编制二手车鉴定评估报告书是完成评估工作的最后一道工序，也是评估工作中的一个很重要的环节。评估人员通过评估报告不但要真实准确地反映评估工作情况而且表明评估者在今后一段时期里对评估的结果和有关的全部附件资料承担相应的法律责任。二手车鉴定评估报告是记述鉴定评估成果的文件，是鉴定评估机构向委托方和二手车鉴定评估管理部门提交的主要成果。鉴定评估报告的质量高低，不但反映鉴定评估人员的水平，而且直接关系到有关各方的利益，这就要求评估人员编制的报告要思路清晰、文字简练准确、格式规范、有关的取证与调查材料和数据真实可靠。为了达到这些要求，评估人员应按下列步骤进行评估报告的编制。

1. 评估资料的分类整理

被评估二手车的有关背景资料、技术鉴定情况资料及其他可供参考的数据记录等评估资料是编制二手车鉴定评估报告的基础。一个较复杂的评估项目由两个或两个以上评估人员合作完成，将评估资料进行分类整理，包括评估鉴定作业表的审核，评估依据的说明，最后形成评估的文字材料。

2. 鉴定评估资料的分析讨论

在整理资料工作完成后，应召集参与评估工作的有关人员，对评估的情况和初步结论进行分析讨论。如果发现其中提法不妥、计算错误、作价不合理等方面的问题，要求进行必要的调整。若采用两种不同方法评估并得出两个不同结论的，需要在充分讨论的基础上得出一个正确的结论。

3. 鉴定评估报告书的撰写

评估报告的负责人应根据评估资料讨论后的修改意见，进行资料的汇总编排和评估报告书的撰写工作；然后将二手车鉴定评估的基本情况和评估报告书初稿得到的初步结论与委托方交换意见，听取委托方的反馈意见后，在坚持客观、公正、科学、可行的前提下，认真分析委托方提出的问题和意见，考虑是否应该修改评估报告书，对报告书中存在的疏忽、遗漏和错误之处进行修正，待修正完毕即可撰写出正式的二手车鉴定评估报告书。

4. 评估报告的审核

评估报告先由项目负责人审核，再报评估机构经理审核签发，同时要二手车鉴定评估师签字并加盖评估机构公章。送达客户签收，必须要求客户在收到评估书后，按送达回证上的要求认真填写并要求收件人签字确认。

（二）编制二手车鉴定评估报告书时应注意的事项

1. 实事求是，切忌出具虚假报告

报告书必须建立在真实、客观的基础上，不能脱离实际情况，更不能无中生有。报告拟定人应是参与鉴定评估并全面了解被评估车辆的主要鉴定评估人员。

2. 坚持一致性做法，切忌表里不一

报告书文字、内容要前后一致，正文、评估说明、作业表、鉴定工作底稿、格式甚至数据要互相一致，不能出现互相矛盾的不一致情况。

3. 提交报告书要及时、齐全和保密

在正式完成二手车鉴定评估报告工作后，应按业务约定书的约定时间及时将报告书送交委托方。送交报告书时，报告书及有关文件要送交齐全。

三、二手车鉴定评估报告书的范例

二手车鉴定评估报告书

×××二手车中心评字[2023]第002号

×××人民法院：

受贵院委托，我中心于2023年7月20日至7月22日对贵院依法扣押的一辆大众汽车甲壳虫汽车进行了鉴定评估，现将鉴定评估情况和结果报告如下：

1. 委托单位、名称

×××人民法院

2. 委托单位名称及鉴定评估类型

×××二手车交易中心是经国内贸易部批准，由国内贸易部和河南省人民政府共同举办的国家级二手车交易中心。本中心接受国家国内贸易局和劳动与社会保障部有关部门组织的职业技能培训和鉴定，中心鉴定评估人员取得二手车鉴定评估师职业资格证书，资格证书编号0723。

3. 鉴定评估目的

为法院司法裁定提供现时价值依据。

4. 鉴定评估基准日

2023年7月20日

5. 鉴定评估的原则

严格遵循“客观、公正、科学、可行性”的原则。

6. 鉴定评估的依据

（1）《国有资产评估管理办法》。

（2）《国有资产评估管理办法实施细则》。

（3）《×××法院鉴定评估委托书》。

（4）《汽车报废标准》、《二手车流通管理办法》。

（5）其他相关法律、法规、资料。

7. 鉴定评估对象简介

本次鉴定评估对象为一辆大众甲壳虫汽车，型号为××××××，发动机号为××××××，车架号：×××××，发动机排量2.0 L，牌照号×××，该车初次登记日期为2020年12月，累计行驶里程为72 000 km，经现场勘查鉴定，车身有擦伤痕迹，前悬架总成出现局部故障，空调制冷不良，发电机工作不正常，其他均与新旧程度大致相符。

8. 鉴定评估过程及评估方法

（1）鉴定评估起止时间2023年7月20日至7月22日

（2）鉴定评估工作主要操作程序

① 听取法院法官或相关人员介绍情况，明确鉴定评估目的，了解被评估车辆的基本情况和现状；

② 现场勘查、核实手续证件；

③ 技术鉴定车辆技术情况；

④ 收集相关资料，咨询现行汽车市场价值；

⑤ 评定估算价格，提出价值意见。

（3）评估方法

根据评估目的及对象的实际情况，采用清算价格标准，运用清算价格的评估方法评估车辆，该方法是将被评估的车辆与市场相同或类似的车辆市场价格进行比较，以衡量和确定被评估车辆拍卖时可能得到的快速变现价格。即为该车的估算价格。

9. 评估结论

综上所述，本次对评估大众甲壳虫汽车于2023年7月21日的评估总值为人民币162 000元整。

10. 评估说明

① 本报告所称评估价格，是指我中心对评估车辆在现有情况不变及在评估基准日的外部经济环境不变的前提下，根据鉴定评估目的提出的公允价值意见。

② 收集现行市场价格资料时，在二手车交易市场找到了一宗类似于被评估车辆的交易案例，这一宗案例的类比对象不一定具有代表性。为了取得被评估车辆价格的合理性，对车辆进行了仔细的技术鉴定，采用部件鉴定法估算车辆的成新率，运用重置成本法估算车辆的评估值。最后综合收集的市场价格和重置成本法估算的价格，按清算价格法，即法院在清算之日预期出卖车辆的快速变现价格的方法，估算该车的现时价格。具体计算过程见附件一。

11. 评估结果有效期

按现行规定，根据二手车的商品特点，评估值有效期为3个月，即在鉴定评估基准日后的3个月内实施时，可以将鉴定评估的结果作为价值参考依据，超过3个月需重新进行评估。

12. 鉴定评估报告书的使用范围

本鉴定评估报告书仅供 ××× 人民法院司法裁定之用，未经本中心同意，不得向委托方和鉴定评估报告审查部门之外的单位和个人提供，报告的全部或部分内容不得发表于任何公开媒体之上。

××二手车交易中心

鉴定评估师：×××

报告复核人：×××

（盖章）

中心负责人：×××

二零二三年七月二十五日

13. 评估具体计算过程

本中心接受委托后，对评估对象进行了现场勘估和广泛的市场调查，并根据本次评估的特殊目的，即属债务清偿，决定本次的评估方法为清算价格法。

评估计算公式为

评估值 = 重置成本全价 × 成新率 × 折扣率

重置成本全价 = 现行市价购置价 + 购置附加费 + 消费税

① 现行市场购置价的确定

根据市场调查了解与该车类似产品的一辆大众甲壳虫汽车，经销商卖价为 250 000 元，并且该车型较被评估车型动力性能好，内饰装潢豪华一些。故本次评估参照此价格确定市场购置价 225 000 元。

② 重置成本全价

该车辆购置附加费费率为 10%，故重置全价为

重置成本全价 =225 000×（1+10%）=247 500 元

③ 成新率的确定是根据部件鉴定法及车辆使用及保养情况综合确定为 75%，详见附件二。

④ 根据市场调查，取 80% 的折扣率即可在清算之日出售。

⑤ 评估值的计算

评估值 = 重置成本全价 × 成新率 × 折扣率

=247 500×75%×80%=148 500 元

课堂讨论

二手车鉴定评估报告的要求有哪些？在撰写的时候应当注意哪些方面？

思政之窗

《二手车鉴定与评估》课程具有高度的实践性和现实性，是培养学生掌握二手车鉴定评估技能的重要途径。为确保学生能够充分理解市场运作，提升实际操作能力，必须将科学的教学方法与教学任务紧密结合，确保学生能够全面、系统地掌握相关知识和技能。同时，建立科学合理、切实可行的考核体系，以评估学生的学习成果和职业能力，确保培养出的人才能够满足岗位需求，为二手车市场的健康发展提供有力的人才支撑。

课后习题

一、选择题

1．在撰写二手车评估报告书时的注意事项，下列不正确的是（　　）。

A. 提交报告书要及时、齐全和保密

B. 坚持一致性做法，切忌表里不一

C. 实事求是，切忌出具虚假报告

D. 在撰写报告书时，可以舍去一些小问题

2．关于二手车鉴定报告书的用途以下错误的是（　　）。

A. 作为买卖双方评估车辆价值的依据

B. 作为鉴定评估双方认可的有效文件

C. 作为参照车辆为其他鉴定评估提供现行市价的评估基础

D. 作为买方支付费用的合理依据

3．鉴定评估结论有效期是（　　）。

A.80 天　　B.50 天

C.100 天　　D.90 天

4．报告中应写明估价的目的、范围、二手车的状态和产权归属，下列错误的是（　　）。

A. 目的　　B. 范围

C. 二手车的状态　　D. 售后服务

5．评估报告原则上应在确定的评估基准日后（　　）提出。

A. 两周后　　B. 一周后

C. 三周后　　D. 五天内

二、填空题

1. 评估原则应当严格遵循__________、__________、__________、__________的原则。
2. 报告中应有明确的鉴定估算价值的结果以及二手车的成新率、__________、__________。
3. 编制二手车鉴定评估报告书的步骤有__________、__________、__________和__________。
4. 评估计算公式是__________。
5. 行为依据是指__________、__________等经济行为文件。

参 考 文 献

[1] 吴兴敏 . 二手车鉴定与评估 [M]. 北京：人民邮电出版社，2019.

[2] 王鑫 . 二手车鉴定与评估 [M]. 北京：中国铁道出版社，2022.

[3] 朱晓红 . 二手车鉴定与评估 [M]. 北京：机械工业出版社，2020.

[4] 刘春晖 . 二手车鉴定与评估图解 [M]. 北京：机械工业出版社，2021.

[5] 杨智勇 . 手把手教你鉴定评估二手车 [M]. 北京：化学工业出版社，2022.

[6] 林绪东 . 手把手教你鉴定评估二手车 [M].2 版 . 北京：机械工业出版社，2023.

[7] 杨智勇，金艳秋 . 二手车鉴定评估交易手册 [M]. 北京：化学工业出版社，2023.